AF469541

Recueillons-nous, mes Enfans, c'est l'Esprit
Saint qui va parler.

LA VIE

DE

MON PÈRE.

Par l'Auteur du Paysan perverti.

Ampli t æraris spatium sibi Vir bonus; hoc est
Vivere bs, vitâ posse priore frui. **Mart.**

Seconde Partie.

A NEUFCHATEL,

Et se trouve à Paris,
Chés le Libraire indiqué à la tête de la I Partie.

1779.

BIBLIOTHEQUE ROYALE

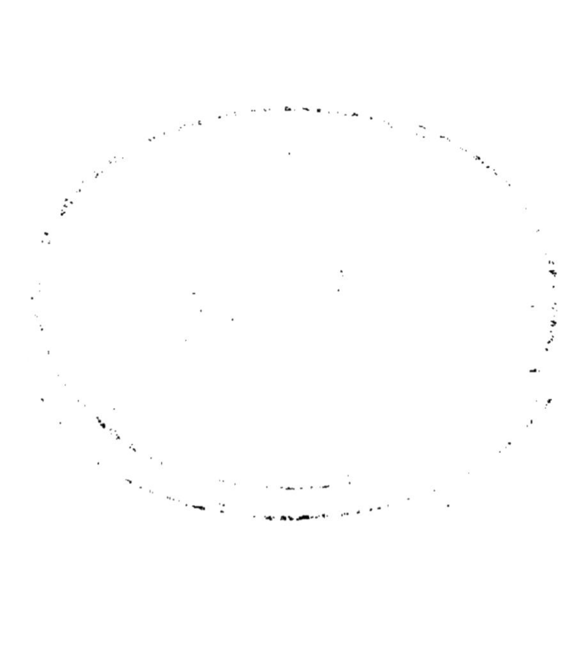

LA VIE
DE MON PÈRE.

LIVRE TROISIÈME.

JE vais reprendre la suite de l'Histoire d'Edme R., à l'inftant où il devint veuf, & où il fe fépara de fon
Beaupère.

Edme fut extrêmement touché de la
mort de fa vertueufe Époufe. Il perdait
une Compagne affectionnée, filencieufe,
qui connaiffant les fentimens de fon
Mari pour une Autre, s'était comportée
comme fi elle les avait parfaitement igno-
és. Il eft vrai que cet Epoux rai-
onnable fe conduifait de fon côté comme
il ne les avait pas eus.

Chargé de fept Enfans, dont l'Aînée
n'était pas encore fortie de l'enfance, il
ut befoin de toute fa patience & de
toute fa fageffe. Il appela fa bonne Mère
fon fecours. Elle y vint, & fervit de
Mère pendant quatre années à fes Petits-
Enfans.

Le Fils aîné commençait à donner
es marques de ce qu'il devait être un-

II Part. A

jour : mais ce précieux Enfant n'avait pas de santé , & à l'âge de douze ans , il falut lui faire la plus cruelle des opétions. Il la fupporta avec une piété & une réfignation que l'on cite encore. Lorfqu'il fut rétabli , & qu'il aurait pu être utile , fon Grandpère s'en empara , fous prétexte de prendre foin de fon éducation. On lui fit commencer fes études : mais fon Père ne fouffrit pas que d'autres que lui payaffent fa penfion: *C'était une dette de la nature* , difait-il, *& il n'entendait pas refter en arrière avec elle.*

La troifième année de fon veuvage, en 1725 , Edme R. fut conduit à la Capitale pour fes affaires : il menait avec lui les premiers effais de fon vin & de celui des Habitans. Il fe logea dans une auberge ; mais fa première vifite fut à M.ᵉ Molé , dont il n'avait eu aucunes nouvelles depuis dix ans. Il y trouva cet honnête Vieillard dans une grande affliction : il avait été ruiné par l'*agiot.* Edme R. fut touché jufqu'au fond du cœur , & fa vifite fut une confolation pour fon ancien Ami , par la part qu'il prit à fon infortune , & par les offres qu'il lui fit de fa maifon , ou de celle de M. l'Avocat R. à fon choix,

—Et notre respectable Ami ? ajouta Edme R. Me Molé répondit en soupirant :

—M. Pombelins & son Epouse ne font plus : Rose a épousé son Cousin De-Varipon, à la sollicitation d'Eugénie, qui aimait ce Jeune-homme, & qui l'a cédé à sa Sœur par ce motif : —Il ferait mon bonheur, lui dit-elle ; à-plus forte raison, il fera le tien, puisque tu vaux mieux que moi-. Elle craignait la douleur de sa Sœur : car elle en a eue, Edmond, elle en a eue une cruelle ! mais sans vous en vouloir, lorsque son digne Père lui eut tout expliqué : nous vous avons tous approuvé & admiré.... Je disais qu'Eugénie a cédé son Amant à sa Sœur : Elle a employé les plus vives sollicitations, les larmes, l'importunité même.... & Rose ne s'est rendue qu'à l'admiration, & à quelque chose de-plus que lui causait cette charmante Sœur; elle lui déclara, qu'elle se rendait au respect que lui inspiraient de si rares & de généreux motifs. M. De-Varipon est un excellent mari ; Rose est une digne épouse ; mais tous deux sont sans amour : ils ont les plus charmans Enfans que l'on puisse voir. J'espère que vous leur rendrez visite. Quant à Eugénie, elle a épousé, à la sollicitation de son Père,

un Jeune-homme de Province , tel que
vous étiez , d'une fort bonne Famille ;
c'eſt un honnête Garſon.... Mon cher
Ami & ſon Epouſe ſont décédés , après
avoir vu le bonheur de leurs Enfans,
tel qu'il le pouvaient deſirer dans les
circonſtances : & moi , mon cher Ami,
j'ai vécu pour voir le malheur de ma
Fille. Nous avons ſu de ſa bouche, que
c'eſt elle qui a été cauſe de l'étrange ré-
ſolution de ton Père , par une Lettre
qu'elle lui fit écrire contr'elle-même,
depeur qu'il n'envoyât ſon conſente-
ment à ton mariage avec elle , ſi on le
demandait : elle ne comptait guère ſur
ta promeſſe : elle n'avait jamais vu , ni
nous non – plûs , quoique plus âgés &
de plûs d'expérience qu'elle , un Jeune-
homme tel que toi. Elle a été cauſe
de tout.... Mais tout le monde lui a
pardonné. Elle eſt auprès d'Eugénie...
Heureuſement... elle n'a pas d'Enfans, &
le deshonneur dont ſon Mari s'eſt couvert par ſa mauvaiſe conduite, qui vient
de l'enrichir , mourra dumoins avec lui.

Nous avons refuſé tous les ſecours
qu'il nous a fait offrir , & ſa Femme ne
reçoit elle-même que l'intérêt de ſa dot
qu'elle partage avec nous. Voila , mon
cher Edmond , l'état des choſes , depuis

votre longue abfence. Nous avons prefque tous les jours parlé de vous , &
je crois que vous ferez le plus grand
plaifir à Madame De-Varipon & à Madame Bourgeois , en les alant voir :
mais commencez par cette Dernière , je
vous prie-.

Pendant ce difcours , Edmond donnait
des larmes à la mémoire de M. Pombelins & de fon Epoufe ; il comptait les
trouver tous-deux pleins de vie , & il
fe promettait les plus grands encouragemens de la part de ce digne Homme.
Quant au mariage des deux Demoifelles ,
il l'avait appris indirectement ; mais fans
aucune explication. Il pria M.e Molé
de vouloir bien l'introduire chés Madame Bourgeois.

Ils s'y rendirent enfemble dès le même
jour, fur les quatre heures après midi.
Eugénie était feule , lorfqu'ils entrèrent,
entourée de trois aimables Enfans. M.
Molé parla le premier, & voyant qu'Edmond n'était pas reconnu , il lui fit fi-
gne de ne fe pas découvrir. La Fille de
M. Molé , qui furvint , ne le remit
pas davantage. Le changement dans la
figure ne pouvait guère être plus confidé-
rable ; Edmond, jeune & frais , douze
années auparavant , avait le vifage & les

mains brûlées par le soleil : au lieu des plus beaux cheveux , il portait une perruque affés mal en ordre : son habit de campagnard ressemblait à ceux des Paysans Bourguignons qui vendent leur vin à la porte Saintbernard. Il n'avait pas encore parlé ; car on l'eût sans-doute reconnu à la douceur de sa voix.

—J'ai voulu m'informer de votre santé en passant, Madame , dit M. Molé , & de celle de votre chere Sœur ? —Elle va venir avec ses Enfans, répondit Eugénie : attendez un instant : Madame * * * * (c'est la Fille de M. Molé) vient de sortir à l'instant , pour aler la chercher : nous avons quelque chose à arranger ensemble cette aprèfdînée-.... Et voyant le Campagnard debout & découvert : —M. Molé ? vous souffrez Monsieur debout ! —Je suis bien , Madame-, dit Edme R. avec beaucoup d'émotion.

Eugenie fit comme une Personne qui veut se rappeler quelque chose ; ensuite envisageant l'ancien Amant de sa Sœur: —Me trompé-je ?.... est-ce lui, dit-elle à M. Molé, en entr'ouvant les bras. —Oui , Madame, c'est notre Edmond-.

Ces mots n'étaient pas achevés, qu'Eugénie se jeta vivement dans les bras du Campagnard, & lui présenta deux-fois de-fuite fes joues, en lui difant : —Nous avons des cœurs faits de façon, qu'ils n'oublient pas les Amis, lors même que nous en fommes oubliées... Ah ! méchant Garfon !.... Mais tout ce qu'on nous a dit eft-il vrai ?... Car alors, vous n'êtes pas un méchant, vous êtes un excellent Garfon-?

Edmond était trop ému pour lui répondre : deux ruiffeaux de larmes fortaient de fes yeux : les douze années venaient de s'effacer par ces mots d'Eugénie ; il fe retrouvait à l'inftant où il avait quitté Rofe, & il la quittait, avec la certitude de la perdre. Ce moment fut cruel, & il ne fe le rappelait jamais depuis, fans une forte de frémiffement involontaire.

J'entens ce langage, dit Eugénie.... (*à* M. *Molé* :) Eft-il heureux ? eft-il riche ou pauvre ? —Il eft mieux que cela ; il eft l'honneur & le bienfaiteur de fon pays-. A ces mots, Eugénie elle-même laiffa couler des larmes d'attendriffement. —Nous ne nous étions donc pas trompées? Rofe fera bien-charmée d'apprendre ... (*S'adreffant à lui-méme*) : —Avez-vous des Enfans ? —Sept, Madame. —Sont-ils d'un heureux naturel ? vous reffemblent-ils ? —Grâces au Ciel, Madame, ils font d'un heureux naturel, & l'Aîné de mes Fils, eft.... il ne me

convient pas de le louer à cet excès....
mais, Madame, il est une grâce de là-
haut. —Bon Père! il tient de vous....
Et votre Epouse ? —Je suis veuf depuis
trois ans. —Vous êtes veuf!.... ah!
mondieu ! —Oui, Madame. —Avez-
vous été heureux ? —Plûs que je ne
méritais : c'était une digne Femme!
—Ah ! Edmond! me voila contente.
Je vous félicite, mon pauvre Edmond....
Vous alez voir ma Sœur : mais, vous
la connaissez : permettez que je la pré-
vienne : quand je l'appercevrai, vous
voudrez bien passer avec M. Molé, dans
cette pièce. —C'est un trop grand bonheur que de la voir, & vous aussi, Madame :
mais elle... je ne le pourrai peut-être
pas supporter. —Ni elle, peut-être : mais
je la préviendrai, & nous verrons. —Si
dumoins j'avais retrouvé mon digne Ami!
—Ah ! Monsieur Rétif ! je n'ai pas la
fausse délicatesse de craindre d'en entendre parler. Ne vous contraignez pas!
Le très-cher Homme, avait votre nom
à la bouche, en mourant, avec celui de
ses Enfans. —Ce m'est la plus efficace
des consolations, Madame. —Ne me
nommez pas Madame : appelez - moi
Eugénie : douze années sont effacées par
votre visite : non, ne me nommez pas
Madame ; cela me rappelle que vous de-

vriez me nommer ma Sœur. —Femme bonne & généreuse ? oh ! oh ! vous me mettez hors de moi.... Avant que votre digne Sœur arrive ; ... ou pendant que vous alez l'attendre ;.... mettez-moi à-même.... Mais Monsieur Molé aura la bonté de le faire... (*à-part à ce Dernier*) Mon cher Monsieur, mon cœur est trop plein ; je n'y puis tenir, & je le sens se fondre : si *Elle* venait, je me trouverais-mal, je crois : mettez-moi à-même de faire une visite à notre digne Ami : j'ai besoin d'épancher-là mon cœur.... —Je ne vous entens pas ? —En quelle Eglise repose-t-il, & à quelle marque pourrais-je reconnaitre sa tombe? —Oh ! que me dites-vous-là, Edmond ! —Cher, très-cher Monsieur, je vous en conjure ! —Remettons cela, remettons cela. —Non, non, s'il est possible : obligez-moi ? —Nous alons revenir, Madame (dit M. Molé à Eugénie): pendant notre absence prévenez Madame votre Sœur ; & s'il est à-propos que nous revenions, envoyez-nous chercher à Saint-roch; nous serons tout près de la grille-....

Ils partirent. En chemin, Edme R. fit une observation : —Nos Femmes de la Campagne sont, pour la plupart, bonnes & vertueuses : mais, je crois, mon très-digne Monſieur, que la Femme par excellence n'eſt qu'à Paris. Voyez ce langage, cette bonté, cette aiſance, jointe à une ſi aimable figure; à cette parure modeſte & ſéyante tout-à-la fois! Ah! que j'ai perdu!.... Mais je ne méritais pas un ſi grand bonheur.... Et-puis, j'ai obéi à mon Dieu viſible, à mon Père: mais je révère à l'égal, Celui que nous allons viſiter... Cher & digne Homme! excellent cœur! vertueux & indulgent, il était parfait.... O vénérable Pombelins!

L'Egliſe était proche; ils y entraient, comme Edmond achevait ces mots: M. Molé le conduiſit ſur la tombe de leur vertueux Ami, proche la grille d'une Chapelle. Elle était ſans inſcription: il la lui montra. Edmond ſe proſterna auſſitôt le cœur navré, & colla ſon viſage ſur cette pierre: mais il s'efforçait, à cauſe de ſon Ami, de réprimer ſes ſanglots. Enfin ne pouvant s'arracher de cet endroit, il ſupplia M. Molé de vouloir bien retourner chés Eugénie; & de l'envoyer avertir, dans le cas, où on ne jugerait pas-à-propos qu'il vît Roſe.

Dès qu'il fut libre, il ne commanda plus à ſes larmes; & comme le Temple était deſert, il y joignit quelquefois de touchantes apoſtrophes au digne

Mon Fils, si vous avez perdu un Père, voici
le meilleur de tous.

Homme qu'il pleurait : —Ame fainte & pure, s'écriait-il, du fein de Dieu où tu es, jette fur ton Ami un regard paternel : je t'implore ; verfe fur un pauvre cœur le baume falutaire de la confolation ! Ah ! fi tu étais vivant, ton feul regard rendrait le repos à mon âme defolée-! ....

Un Vieillard refpectable , ancien & digne Miniftre des Autels , à ce qu'il parut par fon difcours, priait dans un coin obfcur. Il entendit Emond. Il fe leva, & vint auprès de lui : Au bruit de fa marche , Edmond fe retourna : frappé de fon air & de fa chevelure vénérables, il s'inclina devant lui. —— Mon Fils, lui dit le faint Prêtre , venez , fuivez-moi. J'approuve vos regrets , ils marquent la bonté & la droiture de votre âme, venez-.

Et il le conduifit au piéd du maître-autel. —Mon Fils , fi vous avez perdu un Père , voici le meilleur de tous : jetez-vous dans fon fein ; car je vous en crois digne ; & fa divine miféricorde vous confolera-.

Edmond fe profterna ; & le faint Prêtre fe tint debout, à-côté de lui, en difant : *Lætatus fum in his quæ dicta funt mihi ; in domum Domini ibimus , &c.* Après avoir récité le Pfeaume en entier, le vénérable Vieillard fe leva , embraffa Edmond , & fe retira. Edme R. fe trouva tout confolé : mais voulant chercher des yeux fon Confolateur, il ne le vit plus , ni ne l'entendit. Ému audelà de ce qu'on peut imaginer , il retourna fur la tombe ; il bé it le Seigneur , & invoqua le digne Homme qui y repofait , aulieu s'affliger.

On vint l'avertir de la part d'Eugénie de revenir à la maifon. Il y avait environ une heure que Rofe y était , avec fes Enfans : le Mari d'Eugénie était revenu. C'était un aimable Homme : dès qu'on aperçut Edmond , M. Bourgeois ala au-devant de lui , & le prenant par la main , comme s'ils fe fuffent connus, il lui dit : —Je me félicite, Monfieur, d'être de-1Cteur affés heureufement, pour vous faire les honneurs d'une maifon, où j'entens que vous foyiez auffi maître que moi–: & il le préfenta à Rofe, en lui difant, —Ma fœur , voici un Homme que j'eftimais longtemps avant que de l'avoir vu–.

Madame De-Varipon fe leva, fit une profonde révérence à Edmond , & lui marqua elle-même fa place à-côté d'elle. Enfuite , avant de lui dire un feul mot, elle lui montra fes deux Enfans : —Em-

braffez-les , dit-elle enfuite .... Vous
voyez qu'ils font aimables. —Chers Enfans !.... dit Edmond : très-chers En-
fans-!.... & il répéta cela plufieurs-fois,
fans rien ajouter. —On m'a dit que vous
en aviez fept ? —Oui, ... Madame. —On
dit que vous en êtes content. —Oui ,
Madame, très-content : c'eft ma confolation. —Comme voila la mienne- (montrant fes deux Fils.)

Durant ce commencement d'entretien , tout le monde s'était levé , de-
forte que Rofe & Edmond fe trouvèrent
feuls , avec les deux Enfans.

—Vous étiez à l'Eglife, à ce qu'on m'a
dit , quand je fuis entrée? —Oui , Madame. —Cela eft bien, Monfieur! je
vous reconnais-là ; vous ne l'avez pas
oublié. —L'oublier-!...

A ce mot, fes larmes coulèrent malgré lui. Rofe porta fon mouchoir à fes
yeux , pour cacher les fiennes.

—Il y a douze ans que vous l'avez
quitté. Il a parlé de vous tous les jours.

(*Edmond, avec un douloureux fan-
glot :*) —Digne, refpectable Homme!...
nos cœurs s'entendaient ; je penfais à lui
tous les jours : .... mais à qui en aurais-
je parlé? —Vous ne lui avez pas écrit.
—S'il l'eût permis, croyez, Madame....

—J'entens : on ne m'en avait rien dit-...
Elle careſſa ſes Enfans , & il ſe fit un
aſſés long ſilence ; qu'elle rompit enfin:
—Ils ont un digne Père ; un honnête
Père... C'eſt mon Couſin , comme vous
ſavez ? —Oui, Madame , d'aujourd'hui.
—Vous êtes reſté longtemps à l'Egliſe,
Monſieur ? —J'y ai fait une très-heu-
reuſe rencontre. —Comment ! ...
voudriez - vous me dire ce que c'eſt ?
—Madame ..... je m'étais .... j'étais à
genoux.... pénétré.... un ſaint Homme,
un digne Prêtre s'eſt approché de moi:...
nous avons lié converſation , ... devant
Dieu.... C'eſt un digne Homme.... un
vénérable Vieillard , grand , majeſtueux;
des cheveux blancs , ... il inſpire du reſpect .... ſes diſcours ont une onction ....
vous devez le connaître. —Non ; je
ne reconnais Perſonne de la Paroiſſe à ce
portrait. —Je vous aſſure , Madame,
qu'il reſſemblait.... au digne Homme-.
Roſe , qui paraiſſait chercher une occaſion de diſtraction , appela ſa Sœur,
pour lui demander , ſi elle connaiſſait à
la Paroiſſe un Prêtre , comme Edmond
dépeignait celui qu'il avait vu. Eugénie
& ſon Mari aſſurèrent , qu'il n'était pas
de la Paroiſſe. Edme R. déja vivement
ému , & dont l'imagination était alumée,

penſa qu'il avait vu M Pombelins lui-même, qui, ſous cet habit, l'était venu conſoler. Cette idée, qu'il ne mit pas au jour, répandit ſur ſon viſage, un ver-millon angélique, & la même impreſſion ſembla ſe communiquer à Roſe. Ils ſe regardèrent un inſtant en ſilence, & tous-deux ſe levèrent de-concert, pour ſe jeter à genoux. Cette efferveſcence fut courte dans la tête d'Edmond : la raiſon reprit auſſitôt le deſſus. Mais il nous a avoué qu'il avait eue cette ferme croyance pendant près de cinq à ſix minutes. Pour Roſe, il a toujours ignoré ce qui s'était paſſé dans ſon eſprit ; car elle ne lui en parla pas ; & jamais .... il ne l'a revue depuis.

—Monſieur R., reprit Roſe, aubout de quelques momens, je crois pouvoir vous témoigner combien votre viſite me fait de plaiſir : je la redoutais auparavant; mais je vois qu'elle eſt approuvée... Et en-vérité, mon cher Monſieur, elle doit l'ê-tre. Je vais retourner chés nous : je vous y attens à ſouper avec M. Molé, & toute la Famille de ma Sœur : ſi vous avez quelques affaires, expédiez-les en atten-dant. Adieu, juſqu'à ce ſoir : mon Mari ſera charmé de connaître un ſi hon-nête-homme que vous, & qu'il aime déja :

car.... il faut qu'on vous aime, quand on a mon eftime.... Je vous laiffe-.

Elle fortit auffi-tôt, avec fes deux Enfans, & monta dans une voiture-de-place.

Edmond était comblé. Eugénie, fon Mari, & Monfieur Molé qui étaient préfens à l'invitation, y applaudirent. L'Invité fortit pour aler à fes affaires.

Après fa tournée, Edme R. entra un moment à fon Auberge : on lui remit une Lettre, que le Facteur avait apportée dans l'aprèfmidi. On lui annonçait un grand malheur : une partie du Village de Saci venait d'être confumée par les flâmes. On ne s'expliquait pas : cet accident arrivait après toutes les récoltes : le Pays était ruiné ! Edme R. n'eut d'abord que cette idée préfente : elle fuffifait bien pour le remplir de douleur. L'avis était de Germain fon Domeftique. Ce zèlé Serviteur, peu accoutumé à écrire, avait fait fa Lettre la plus courte poffible : il ne s'expliquait fur rien. —Et mes Enfans-! s'écrie tout-à-coup Edmond. Il court à un Marchand ; traite avec lui à-la-hâte pour tout le refte de fes vins, & part le même foir. En route, à Ponthierri, il fe reffouvint du fouper ; il écrivit un billet d'excufe, qu'on reçut le lendemain à midi. Jufqu'à ce moment, l'inquiétude

quiétude avait été extrême ; on avait envoyé au port-au-vin : on n'y avait rien
appris d'abord : mais à la troisieme-fois ,
on fut qu'Edme R. était parti, fur la nouvelle d'un furieux incendie. Sa Lettre
acheva de donner quelques éclairciffe-
mens. C'eft ainfi qu'il quitta la vertueufe Rofe Pombelins , & l'aimable
Eugénie ,.... pour toujours....

Refpectables Femmes , vous n'êtes
plus ! mais les Enfans d'Edme R. con-
ferveront éternellement pour vous le
même fentiment de vénération & de refpect, que fi vous euffiez été leurs Mères...
Je dirai un mot de leurs Familles, à la fin
de cet Ouvrage, & je rapporterai un trait
remarquable qui arriva en 1765 , un an
après la mort de mon Père.

Edme R. en arrivant à Saci, trouva
les trois-quarts du Village à la mendicité : mais fa maifon avait été pré-
fervée, & par le zèle de Germain , &
par la manière dont elle était couverte.
Il n'était pas encore Juge ; mais il n'em-
ploya pas moins tous fes foins à foulager
fes malheureux Concitoyens. Un vertueux Prêtre , meffire Pandevant , pré-
déceffeur de meffire Antoine Foudriat,
qui lui fervait alors de Vicaire , avait
accumulé les revenus de fon patrimoine

depuis longtemps , pour doter ses deux Nièces , & s'était aftreint à vivre de sa modique portion-congrue , qui n'alait qu'à cent écus. Mais voyant le desaftre de ses pauvres Paroissiens , il sacrifia généreusement le fruit de ses épargnes ; il les nourrit tout l'hiver avec cette somme , & fit relever à-la-hâte & comme on put leurs maisons brûlées. Il mourut l'année suivante , sans avoir tiré d'obligation de personne. Messire (*) Antoine Foudriat , & Edme R., témoins de sa genérosité, attendirent que la Paroisse fût rétablie : alors le nouveau Pasteur , dans un discours pathétique , prononcé en chaire, engagea ses Paroissiens à se cotiser pour rendre la somme aux Héritières du Pasteur décédé , qui n'étaient pas riches. Il donna l'exemple , quoiqu'il n'eût rien reçu ; Edme R. l'imita ; de-sorte que ceux qui n'avaient pas souffert de l'incendie, fournirent généreusement , plûs que ceux qui avaient été obligés : par ce moyen la somme fut rendue aux Héritières. avec les intérêts , & on leur fit un remerciment , rempli d'éloges , pour le digne Pasteur qu'on avait perdu.

____

(*) .... donnait to jours ce titre par respect aux Pasteurs ; & je crois devoir l'imiter en écrivant son Histoire.

L'année fuivante, Meſſire Antoine
Foudriat fut calomnié, on ne fait par
quî, auprès du reſpectable Prélat Char-
les-Gabriel De-Caylus, évêque d'Auxerre, & feigneur en partie de Saci,
avec fon Chapitre & l'Ordre-de-Malthe.
Edme R. aſſembla tous les Habitans
chés lui, & les ſuppla de lui dire, ſi
quelqu'un d'entr'eux avait des plaintes à
faire du Paſteur? Sur la négative gé-
nérale, il leur propoſa de faire une députation de douze des Principaux au
premier Paſteur, en faveur du Second,
qui tenait bien plus directement à eux.
Cette députation eut lieu : Edme R. la
conduiſit, & porta la parole. Le digne
Évêque, bon connaiſſeur, l'écouta avec
tant de plaiſir, qu'il lui recommanda de
le venir trouver feul en-particulier, tandis que ſes Compagnons dîneraient à l'office. La converſation qu'Edme R. eut
avec fon Évêque, fut de plus de deux
heures : le Prélat l'interrogea fur l'érat
de la Paroiſſe ; fur les mœurs des Habitans ; en-un mot furtout ce qui pouvait intéreſſer un Homme qui fe regardait véritablement comme le Père de fon
Troupeau. Ses réponſes ſatiffirent le
Prélat au-point, qu'il l'invita à le venir
voir, toutes les fois que ſes affaires

l'amèneraient à la Ville. Edme R. flaté de cet honneur, de la part de l'Homme, encore plûs que de celle de l'Evêque, n'y manqua pas. Dès la première viſite qu'il rendit à M. De-Caylus, ce digne Paſteur inſtruit de la conduite de cet Habitant de Saci, lui dit ces paroles obligeantes : —*Monſieur Rétif, ſi je vous avais connu, votre ſeul témoignage aurait rétabli Monſieur Foudriat dans mon eſprit. Si je puis vous ſervir, ne me ménagez pas ; je vous ſervirai comme votre Père ſpirituel, & comme votre Ami temporel : c'eſt ce dont je vous prie d'être perſuadé-.*

Je rapporte ce trait, parce qu'il eſt doublement glorieux de la part d'un Homme tel que M. De - Caylus, & parce-que, dans la ſuite, mon Frère aîné ſuccéda à mon Père dans cette tendre affection : l'amitié du digne Evêque ala juſqu'à la plus vive tendreſſe pour ce jeune Eccléſiaſtique, dès qu'il fut à ſon Séminaire : de-ſorte qu'il offrit à mon Père de payer ſa penſion : mais Edme R. qui avait refuſé cette faveur de la part du Grandpère de ſon Fils, aurait été encore moins diſpoſé à la recevoir du Père commun des Pauvres : Il répondit à l'Evêque : Qu'il était, grâces au Ciel, en état de payer la pension , & qu'il se croirait inexcusable de faire ce vol aux pauvres Nécessiteux. M. De-Caylus redoubla d'estime pour le Père & le Fils , par le même motif qui fesait refuser ses faveurs, l'amour des Pauvres : car tout le monde sait que l'évêché d'Auxerre rapportait environ 60 à 70 mille livres à M. De-Caylus , & qu'il en répandait chaque année plus de 80 mille dans son vaste Diocèse. Il est cependant mort sans dettes : les ventes après son décès ont tout payé.

Cette honorable liaison n'empêcha pas EdmeR. d'estimer le mérite par-tout où il le rencontrait: il fut successivement l'Ami intime de deux Procureurs des Jésuites de la maison d'Auxerre ; le Père *Scribo* & le Père *Godo.* Ces deux Hommes le consultèrent également pour l'exploitation de leur ferme de *la-Loge ,* qui est située dans le territoire de Saci , & ils recevaient ses avis desintéressés avec la plus grande reconnaissance. Ils eurent quelquefois ensemble des disputes de controverse : mais elles furent toujours accompagnées de tant de politesse de part & d'autre , que l'intimité n'en fut point altérée ; aucontraire l'un des deux , le Père Scribo , dit plusieurs-fois à mon

Père ces paroles remarquables : « Avec
» votre conduite , mon Ami , tous les
» sentimens font bons ; entendez-vous ?
» tous les sentimens font bons ». Ce
Père Scribo , était lui-même un Homme
exemplaire ; il avait le cœur excellent :
il obligeait tous ceux qu'il pouvait obli-
ger : & lorsque cela passait son pouvoir,
on voyait sur son visage une si véritable
douleur, qu'on s'en retournait content,
même avec un refus.

Quant au Père Godo , quoique parfait
honnête homme , il était un-peu moins
populaire : mais cela venait de son éducation : il était Gentilhomme , & avait
été élevé dans la hauteur : cependant sa
familiarité avec Edme R. était celle d'un
bon Frère avec un Frère. Aussi en
était-il si tendrement aimé, que les jours
où ils se voyaient , étaient comme des
jours de fête pour toute notre maison.

Des Personnes un-peu ardentes , lui
ont quelque-fois reproché ces liaisons.
Edme R. n'y fit pas d'autre réponse,
que de les prier instamment à une de
ce entrevues : & il eut la satisfaction de
se voir donner une entière approbation.
Il eut même la plus flatteuse , celle de M.
De-Caylus , qui parfaitement instruit de
sa conduite en cette occasion , lui dit un-

jour, qu'il avait raiſon de vivre en Frère avec tous les Hommes , & que certaines Gens devraient bien en faire autant, pour leur repos & celui des autres (*).

En 1727 , mourut Anne Simon , la plus digne des Mères. Quand elle ſentit ſa fin approcher , elle dit à ſon Fils d'avertir ſes trois Filles. L'Aînée était mariée à Aigremont, & les deux autres à Nitri : cette nouvelle les affligea ſenſiblement , ſur-tout Magdelon, qu'Edme R. appelait ſa ſœur de cœur , parce qu'ils ſe reſſemblaient par les diſpoſitions. Lorſqu'elles furent arrivées , Anne fit mettre d'un côté ſon Fils & Madelon , Catherine & Marie de l'autre :

—Mes chers Enfans , leur dit-elle , je vais rejoindre votre Père. J'ai une ferme eſpérance de le revoir heureux , dans le ſein de Dieu , où je lui rendrai compte de la conduite de ſes Enfans. Vous, ma chère Fille aînée, que Dieu vous béniſſe , ainſi que vos Enfans : ce ne ſont que des Filles : rendez-les bonnes & douces , autant que travailleuſes: elles n'ont beſoin que de cela ; douceur & travail ; il ne nous faut que cela en

____

(*) Perſonne n'était plus tolérant que M. DE-CAYLUS : mais tout le monde ne lui reſſemblait pas , même Ceux qu'il honorait de ſa confiance.

ménage , dans nos campagnes : inftrui-
fez d'exemple , fur-tout à-préfent que les
voila qu'elles deviennent grandes : me
le promets-tu , ma chère Catherine?

—Oui ma bonne Mère.

—Sois bonne auffi , ma Fille , & que
vos querelles entre ton Mari & toi , quoique peu de chofe , ne troublent pas ma
cendre.

Vous, Magdeleine, Dieu vous accorde
des Enfans ! je fuis fi contente des miens,
que j'en defire à ceux que j'aime, fur-
tout à ceux qui fortent de moi. Con-
fole ton Frère, après ma mort; & qu'il
retrouve toujours en toi Anne Simon,
fa Mère , qui l'aimait tant ! Chéris tes
Sœurs , & fi tu n'as point d'enfans ,
que les leurs foient les tiens , & fi perfonne ne dit de toi , Notre bonne Mère,
qu'on dife , Notre bonne Tante !.....
Dieu te béniffe , ma chère Fille!

Vous, ma pauvre Marie, vous êtes la
plus jeune de mes Enfans : je vous recommande d'avoir de la maturité ; de ne
pas vous conduire en étourdie : vous
êtes vive ; ce n'eft pas vice, c'eft qualité,
fi on fait bien fe gouverner : Je vous
recommande de refpecter vos Sœurs aî-
nées ; de regarder Magdelon , qui eft
dans le même lieu que vous, comme ma

Lieutenante à votre égard : promettez-moi d'être d'être docile à fes avis, après ma mort ?

—Je vous le promets, ma chère Mère.

—Ma très-chère Fille, ton Mari a quelque chofe à fouffrir de toi ; c'eft un bon & honnête homme ; ton Fils eft un aimable Enfant, & l'on voit deja dans la tendreffe de l'âge, qu'il fera d'un bon caractère : cultive ces bonnes difpofitions, ma chère Fille : un Fils eft le fecond Mari des Mères ; mais c'eft un Mari refpectueux : voyez votre Frère (que Dieu béniffe à jamais, amen !) il a été l'appui & la confolation de ma vieilleffe ; il me fermera les yeux, il me pleurera, comme il m'a aimée, & il me réunira dans le même tombeau avec fon digne Père, mon refpectable Mari, comme il nous a réunis de tout temps dans fon cœur. ...

Mes chères Filles ! le voila, ce digne Frère ! n'êtes-vous pas glorieufes d'être fes Sœurs ? Qu'a-t-il fait ? qu'a-t-il dit, depuis qu'il a l'ufage de raifon, qui n'ait tourné à notre honneur & avantage? Révérez-le tendrement ; c'eft le Lieutenant de votre honorable Père.... Vous favez, mes chères Filles, comme il en a agi avec moi ; il n'a point voulu toucher à son patrimoine ; mais il m'a tout laissé, pendant tous les jours de ma vie : Tout ce qu'il a, il ne le doit qu'à son travail, & le meilleur des Fils, a été jusqu'à ce jour, comme s'il avait été jeté sur la terre tout-nud ; j'en ai senti une vive peine ; & il m'aurait obligée, s'il avait voulu prendre son bien : D'un autre côté, ma pauvre âme était réjouie, & je me disais avec liesse ; Je dirai à Pierre, dans l'heureuse vie, comme son digne & respectueux Fils en a agi avec sa Mère ; & j'augmenterai encore son éternel bonheur. Cette douce & consolante pensée, me rend la mort agréable ; je m'en fais une fête : je quitte mes Enfans ; mais c'est pour aler rejoindre leur Père.

—Je le crois bien, dit Edmond, en suffoquant de sanglots, que vous vous faites une fête de la mort ! Il n'est jamais sorti de votre cœur que de bons desirs & de bonnes pensées, & de votre main que de bonnes-œuvres : mais, nous, nous voila orfelins de la meilleure des Mères, après avoir perdu notre gloire & notre couronne dans notre Père.

Et regardant ses Sœurs qui pleuraient :

—Oui, pleurons ! nous ne dirons plus, mon Père, ni ma Mère ; ces noms si

doux ne ferons plus faits pour nous....
—Ecoute donc, mon Fils (interrompit Anne , avec une forte de fourire familier , cemme fi elle fe fût bien portée) , vous direz , mes Enfans , ma Fille, mon Fils ; & ces noms-là font bien doux auffi. Béniffons Dieu! car il faut finir : & jamais fin la plus enviée , valut-elle la mienne ! Je vous la fouhaite à tous , mes très-chers Enfans—.

Elle mourut quelques jours après. Son corps fut porté. pendant les trois quarts-de-lieue de chemin de Saci à Nitri , par fes quatre Enfans : une fauffe délicateffe ne les empêcha pas de rendre ce devoir filial ; & le précieux fardeau ne fut touché que par eux-feuls , & par leurs Enfans , qui fuivaient , tous habillés en blanc , fymbole de leur candeur.

Je n'oublie aucuns de ces traits , qui peignent la vraie piété filiale , réduite à de pures grimaces dans les Villes. Ces mœurs fimples , fi conformes à celles des premiers âges , tiennent plûs à l'innocence & aux bons principes , qu'on ne le croit. C'eft peut-être à l'extinction de tous les anciens ufages , qu'eft dûe notre dépravation actuelle.... ou plutôt , c'eft la dépravation , qui a éteint nos anciens ufages.

B vj

A la fin de 1728 , Edme R. apprit la mort de Rofe Pombelins : il dit à cette occafion :   —Je fuis jeune encore, & me voila déja comme le Père Brasdargent—.   Fefant allufion au difcours de ce Vieillard, rapporté plus haut à la page 39 de la *Première Partie.*   Il prit le deuil, & le porta pendant deux ans, en mémoire du Père & de la Fille.

En 1729, Edme R. devint l'Homme des trois Seigneurs , & adminiftra la terre en leur nom.   Ce fut ce furcroît d'occupations, & l'incapacité de fes Enfans (fon Fils aîné était au Séminaire), qui amena le fecond mariage : cependant il n'eût lieu qu'en 1733.

Avant d'en venir à cette époque, il faut faire connaître cette feconde Femme, qui , fuivant l'ufage , ne fut pas aimée de fes Beauxenfans , & n'eût perfonne de fon parti dans le Village , parce-qu'elle était étrangère.   C'eft ma mère : mais en parlant d'elle avec tout le refpect que ce titre facré m'impofe , je ferai néanmoins abfolument impartial.   Heureufement , pour la louer , je n'aurai befoin que d'expofer les principaux faits après fon mariage , & fa conduite conftante, fans craindre que perfonne puiffe me donner le démenti.

BARBE FERLET DE BERTRO, eſt née à Accolai, petit Bourg ſitué à la jonction des rivières d'Ionne & de Cure, en 1713. Son Père, Nicolas Ferlet, deſcendu d'une très-bonne Famille, était un excellent homme ; ſa probité, la douceur de ſon caractère & ſa piété le feſaient chérir de toute la Paroiſſe. Son Epouſe, mon ayeule, mourut fort jeune : il s'était remarié ; mais à une bonne Femme, qui regarda comme ſiennes deux Filles de ſon Mari.

Ma Mère était la plus jeune : c'était une blonde de la plus aimable figure : mais d'une vivacité, & même d'une pétulance, que l'éducation ne réprima pas. C'était l'enfant-gâté de la maiſon. Son Père la chériſſait, ſéduit par ſa figure, & lui paſſait tout. Sa Bellemère, plus indulgente encore, & portant la bonté plus loin qu'elle n'aurait fait ſans-doute pour ſa propre Fille, admirait juſqu'aux défauts de ſa chère *Bibi* : auſſi la maiſon était elle abſolument gouvernée par cette jeune Tête, & la Sœur aînée, fille ſérieuſe & d'un grand bon-ſens, n'y avait qu'une très-légère influence. La pauvre Bibi a payé cher dans la ſuite cette petite domination précoce ! . . . .

Le premier échec que reçut ſon bonheur, vint d'un accident caufé par fon étourderie. Comme Bibi était gaie, enjouée, elle avait beaucoup de Bonnes amies : toutes ces Jeunes-filles fe raffemblaient le foir chés elle pour la veillée, où tout ce qui venait au nom de Bibi était bien reçu de fes Parens. C'était d'ailleurs un amufement pour le père Ferlet, de voir toute cette Jeuneffe, que fa Fille furpaffait en agrémens, & pour laquelle toutes marquaient de la déférence. Un foir d'automne, qu'on avait beaucoup teillé de chanvre, & fait des contes qui avaient fort amufé (*), Bibi, accáblée de fommeil, ne voulut pas qu'on jetât dehors les chenevotes, preffée de s'aler coucher. Les repréfentations de fa Sœur ne furent pas écoutées ; on fe mit au lit. Mais il n'y avait pas long-temps qu'on dormait, lorfqu'une flâme horrible fortit tout-d'un-coup de ce tas de chenevotes, & mit le feu à la maifon. Le père Ferlet & fa Famille ne purent fauver que leurs vies : Ils fortirent tout nuds en chemife. Cet accident diminua beaucoup leur aifance,

____

(*) J'en ai rapporté deux dans le NOUVEL-ABEILARD : le troifième, intitulé O-RIBO, *Prince d'Hybernie*, &c, paraîtra dans peu.

& ils ne s'en relevèrent jamais : la maison fut consumée, les meubles, antiques à-la-vérité, mais fort beaux, le linge, les habits, les titres, l'argenterie, tout fut perdu : le trouble du Père Ferlet, accâblé de sa douleur, ne lui permit pas de veiller à rien, ni de rien sauver des débris de sa fortune. Il engagea ses terres pour rebâtir sa maison, &c.

Son plus grand chagrin, & celui de son Epouse (ils l'ont dit souvent), c'était de ce que l'accident venait de la faute de leur chère Bibi, & de ce qu'elle en était inconsolable.

Ce terrible coup du sort s'étendit beaucoup plus loin encore. L'aisance du père Ferlet diminuée, une Dame Pandevant, aussi de la maison de Bertro, qui aimait beaucoup Bibi, & qui était fort riche, la demanda à ses Parens. On gémit, on pleura ; mais l'intérêt de la *chère Enfant* exigeait qu'on se privât d'elle. On s'en priva donc, & Bibi ala demeurer à Auxerre chés sa Parente, qu'elle suivit ensuite à Paris, où elle resta deux ans.

Ce fut dans cette dernière Ville, que Bibi essuya différentes attaques, causées par sa figure & par sa vivacité. Tous ceux qui l'approchaient, devenaient ses amans ; mais incapable d'attachement,

elle riait de leurs foupirs , ou fi elle fefait attention à eux , ce n'était qu'à raifon de l'établiffement qu'ils pouvaient lui
procurer (*).

Dans le nombre, il fe trouva un Homme d'environ quarante-5 ans ; d'une belle
figure , jouiflant d'une fortune honnête,
d'un caractère aimable , & d'une Famille
connue.   Cet Homme s'annonça tout-
d'un-coup à la Jeune-perfonne , comme
prétendant à fa main.   Bibi le trouva ce
qu'il lui falait (car elle voulait une
maifon faite), & le pria de s'adreffer à
Madame Pandevant.   Enchantée des
avantages que cet Homme fefait à fa Pro-
tégée , cette Dame accueillit le Prétendant.   Le mariage fut conclu en huit
jours.   Immédiatement après la célébra-
tion, les deux Epoux alèrent demeurer
en Province.   Bibi , devenue Madame
Bovjat , eut un Fils , que fon Mari mit
en nourrice à Pourrain , à dix lieues de
fa réfidence , quoiqu'il y eût des Nour-
rices dans le Pays.

____

(*) Un feul fit impreffion fur fon cœur : mais
il ne s'en aperçut jamais : Il fe nommait *Cham-*
bonnet, d'une ancienne & noble Famille, alliée
de celle de ma Mère, & qui a donné des Chevaliers
du Temple :   mais elle eft fi pauvre aujourd'hui ,
qu'en 1754 , il y avait un *Chambonnet* Teintu-
rier à Auxerre.

Un jour que M. B. était parti de grand matin, pour aler voir son Fils, disait-il, sa jeune Epouse vit entrer chés elle une Dame d'environ 50 ans : son air inspirait le respect, quoiqu'il fût plein de douceur & de bonté. Elle demanda M. B. —Il est en campagne, Madame. —Loin, Mademoiselle ? —A dix lieues d'ici, Madame, voir notre Fils, qui est en nourrice. —Quand sera-t-il de retour ? —Il reste ordinairement plusieurs jours ; parcequ'en même-temps il va à . . . . pour ses affaires. —Y a-t-il longtemps que vous êtes mariée ? —Dixhuit mois, Madame. —Comment avez-vous fait la connaissance de M. B. ? —C'est chés ma Cousine Pandevant, Madame : c'est elle qui a fait notre mariage. —Ah !... c'est sous l'autorité d'une Parente ?... Cela change les choses. —Comment donc, Madame ? Je crois que cela ne change rien du-tout ? —Pardonnez-moi, Madame. —Vous avez un Fils ? —Oui, Madame. Ah ! il est charmant ! Je ne l'ai encore vu qu'une-fois ; mais je brûle d'envie de le revoir-.

La Dame fit un profond soupir.

—Mondieu, Madame, pardonnez ! Je ne vous ai pas invitée à vous asseoir.... Vous connaissez mon Mari, Madame ? —Beaucoup, je vous assure. —Cela me fait plaisir : c'est un aimable Homme, &

j'en fuis bien-contente.   Ses complaifan-
ces pour moi n'ont pas de bornes-....
   La Dame foupira encore , & l'on
vit des larmes prêtes à couler :
   —Je le crois , Madame : vous êtes
jeune; vous êtes charmante ; vous lui
avez donné un Fils... —Oh! fi vous
faviez comme il l'aime ! il en eft fou ! il
ne parle que de fon Fils. —Je vous crois,
je vous crois , Madame .. Connaiffiez-
vous M. B. longtemps auparavant votre
mariage ? —Cela s'eft fait en huit jours.
—Sur quelle Paroiffe de Paris ? —S. E.
Madame va fe rafraichir ? —Non , Madame ; on m'attend. —Vous avez de la
Compagnie? —Oui , Madame. —Ce
fera furcroît de plaifir, & vous ne fortirez
qu'après m'avoir fait l'honneur...........
—Cela eft impoffible-.
   Pendant que la Dame répondait cela,
Bibi parlait à l'oreille de la Cuifinière,
qui ala prier trois Perfonnes reftées
à la porte dans une chaife , de vouloir
bien entrer. C'était trois Parens de la
Dame. L'air fingulier dont ils regardèrent Bibi , qu'ils traitèrent de Mademoiselle, ne lui fit pas faire la moindre réflexion. Eh ! qu'aurait - elle penfé ?
Pouvait-elle imaginer le malheur qui
pendait fur fa tête ? D'ailleurs étourdie comme elle était , s'appercevait-elle

de rien, & donnait-elle aucune conséquence à l'air qu'on avait ?

La Dame parla à l'oreille des trois Hommes, un temps aflés considérable pour leur rendre toute la conversation. Cela n'était pas aumoins trop poli : mais Bibi, pendant ce temps-là, fefait fervir une colation. C'eft la coutume des Campagnes, où cette hofpitalité fi vantée des Anciens, eft toujours en ufage, parcequ'elle y eft abfolument néceffaire : ce n'eft qu'à Paris, qu'on en parle avec admiration, comme d'une coutume furannée ou étrangère.

Après que la Dame & fes Compagnons eurent tenu un petit confeil, ils fortirent fans s'expliquer.

Reftée feule, Bibi réfléchit, & fut extrêmement étonnée. Elle apprit de fa Servante, que les quatre Perfonnes parlaient avec beaucoup de chaleur, en remontant dans leur voiture. Que la Dame avait dit : —Elle eft dans la bonne-foi ; que vouliez-vous que je dîfle ? Enfeveliffons cette affaire, mes chers Parens ; au nom de Dieu enfeveliffons-la-!

Ces difcours furprirent encore davantage l'infortunée Bibi, qui n'ayant rien à fe reprocher, tâcha de fe tranquilifer jufqu'à l'arrivée de fon Mari.

Il devait refter huit jours abfent; mais

on le vit arriver le lendemain avant midi. Il entra d'un air ému. Mais s'appercevant à l'air dont fa Femme le reçut, qu'elle n'était inftruite de rien, il fe remit.

—Ma chère, lui dit-il, une affaire indifpenfable m'appelle à Paris ; nous partons demain : préparez-vous. Je vais de mon côté tout mettre en ordre-.

Bibi fe prépara au départ, tout en racontant à fon Mari la vifite fingulière qu'elle avait reçue la veille. Au portrait qu'elle fit de la Dame à M. B., il reconnut fon Epoufe : car cet Homme était marié. Eperduement amoureux de Bibi, qu'il avait vue à Auxerre, mais fans lui avoir parlé, il l'avait fuivie à Paris, y avait pris le nom d'un de fes Frères, mort depuis longtemps dans le nouveau-monde; avait époufé Celle qu'il aimait, & l'avait amenée dans le Village de Saci, qui, étant écarté de toutes les routes, & cependant à-portée de fes affaires, lui avait paru un azile affuré. Il y portait fon vrai nom-de-famille, fous lequel on ne l'avait jamais connu à Auxerre, ni aux environs. Les raifons qui l'avaient dégoûté de fon Epoufe, c'eft d'abord qu'elle était plus âgée que lui : enfuite, il n'en avait point eu d'Enfans & il brûlait d'envie d'en avoir : en-

Je suis innocente pour tout le monde : mais
je suis coupable pour vous.

fin, l'amour, cette paſſion impérieuſe, qui, lorſqu'elle eſt directement oppoſée à la vertu, produit toujours des vagues tumultueuſes qui lui font faire naufrage.

On ſe prépara donc à partir pour Paris. Mais le ſoir même dans le ſilence de la nuit, on vint frapper-à-coups, redoublés. Un Domeſtique ouvrit, ſans attendre l'ordre de ſon Maître, qui, dès qu'il fut éveillé, ſauta du lit, & ſ'arma de deux piſtolets. A l'inſtant où il ouvrait ſa porte, il vit paraître ſa femme & ſes trois Parens. Il fut confondu. Les Hommes lui firent les reproches les plus vifs, accompagnés de menaces violentes. L'Epouſe pleurait. L'Infortunée Bibi inſtruite par cette ſcène, de l'abîme où elle avait été plongée ; qui voyait toutes ſes eſpérances s'évanouir; l'infortunée Bibi était au deſ-ſpoir : Elle avait de l'ambition ; ce motif ſeul l'avait déterminée au mariage: des Amans jeunes & tendres n'avaient eu aucun pouvoir ſur ſon cœur : qu'on juge de ſa ſituation ! Elle ſe lève à-demi nue, & vient ſe jeter aux genoux de la Dame.

—Je ſuis innocente pour tout le monde, lui dit-elle ; aux yeux de Dieu-même ; mais je ſuis coupable pour vous, je le ſens. Pardonnez-moi des torts invo-

loutaires , & ne confondez pas l'innocence avec le crime. Je ne demande
point à garder votre Mari : Je ne demande que l'honneur , & de n'être pas
traînée avec lui devant les Tribunaux ;
que l'on n'y entende pas retentir mon
nom : mon pauvre Père en mourrait de
douleur ; ayez pitié de ses cheveux
blancs , ... & de ma jeunesse-.

La Dame l'embrassa , en la relevant.
Ses larmes eurent tant de pouvoir (que
ne peut pas la beauté !) qu'ils touchè-
rent les trois Hommes eux-mêmes, malgré leur fureur. On cessa d'injurier ; on
se plaignit ; ensuite , on conversa. La
Dame prit sa Rivale en amitié ; & cela
fut porté au-point , lorsqu'elle l'a con-
nut parfaitement , qu'elle l'adopta en
quelque sorte pour sa Fille. Jamais
amitié ne fut plus sincère ; jusques-là ,
que si les loix l'eussent permis , elle aurait laissé subsister le mariage. Mais ce
fut encore mieux , lorsqu'elle eut vu
l'Enfant. Elle voulut elle - même en
prendre soin , & elle renouvela ce beau
trait d'une Reine Elisabeth de Portugal,
qui élevait sur ses genoux les Enfans des
Maitresses du Roi son Époux. On tint
le honteux mariage enseveli. Bibi, l'infortunée Bibi, abandonna son sort

Madame Bovjat, & demeura avec elle, comme avec fa Mère : le fecret fut gardé, même avec le Père Feilet. Mais on fent que M. B. ne vit plus, ni fon Epoufe légitime, ni Celle qu'il avait trompée.

Madame B. mourut au bout de deux ans : & pour marquer la fincérité de fes difpofitions à l'égard de Bibi & de fon Fils, elle leur laiffa tout ce qu'elle pouvait leur laiffer, même des biens-fonds. M. B. devenu veuf, fit faire de propofitions à Bibi, par Madame Pandevant, chés laquelle elle s'était retirée, avec fon Fils. Cette Dame confeilla le mariage à fa Pupille, & celle-ci confentit à tout ce qu'on voulut. Elle époufa donc une feconde-fois M. B., avec lequel elle vécut heureufe, (car il l'adorait), jufqu'à la mort de cet Homme, arrivée en 1732.

Dès qu'il eut fermé les yeux, d'avides Collatéraux fe préparèrent à découvrir le vice de la naiffance du jeune B. Sa Mère tremblante, éperdue, fut repréfentée comme ayant été Concubine volontaire.... Je décrirais toutes ces herreurs, fi j'étais Fils d'une autre Femme....

Madame B. ala dépofer fa douleur dans le fein du Pafteur, meffire Antoine Foudriat : mais ce jeune Curé fe défia de lui-même, en traitant avec une Femme jeune & féduifante : il voulut qu'Edme R. fût préfent à leurs conférences. La jeune Dame fit fon Hiftoire ; en adminiftra les preuves par les Lettres de la première Femme de M. B. & par d'autres de plufieurs Perfonnes de la Famille de fon Mari, qui l'avaient prife en affection, fur-tout d'une proche Parente de M. B. qui demeurait à Chitri. Le Pafteur & le Lieutenant, place qu'Edme R. avait alors, conçurent pour elle la plus grande eftime ! & l'aidèrent de tout leur pouvoir.

Mais l'acharnement des Héritiers était indomptable contre une Veuve jeune & jolie, qui, adorée de fon Mari, les avait quelquefois de fon vivant traités avec hauteur. Ils rompaient toutes les mefures du Pafteur, pour éviter l'éclat. Un jour défefpéré de cet entêtement, il prit Edme R. par la main :

—Mon cher Ami, nous la connaiffons, comme fi elle était notre Sœur ; ces Gens-là la feront mourir, & c'eft ce qu'ils demandent : vous êtes veuf ; époufez-la, & avec tous fes droits : vous impoferez à ces Malheureux-là, par la confidération qu'on a pour vous : votre haute réputation de probité fera faire les

bruits

bruits injurieux ; elle vous devra l'honneur, & vous aurez une Epoufe aimable, qui vous rendra heureux. Vous
êtes trop jeune pour un éternel célibat ;
c'eft un pefant fardeau, pour un Homme
réglé dans fes mœurs, qui n'a rien perdu
par les excès d'aucun genre ! Voila mon
fentiment, & de plûs, la prière que vous
fait un Homme tout à-vous.... Je dif-
pofe de vous, Madame, dit-il à la jeune
Veuve ; mais c'eft en faveur d'un fi honnête Homme, que je fuis fûr que vous
ne me démentirez pas-.

Le plus embarraffé, en cette occafion, était Edme R. Il voyait devant lui,
prefqu'à fes genoux, une jolie Femme
éplorée, qu'il pouvait mettre à couvert
de mille defagremens; la compaffion parle
fortement aux cœurs généreux : fon
Ami le preffait vivement ; il ne refufa
pas, & demanda du temps pour fe déterminer.

—Oui, je vous donne vingtquatre
heures, dit le Curé ; encore, eft-ce
parce-que cela ne retardera rien. Dimanche un banc ; difpenfe des deux autres : mariés à quatre heures du matin
le premier jour poffible-.

Edme R. fortit de cette entrevue ê-
veur. Sept Enfans ! mais c'eft la jeune

Femme que cela devait effrayer , & non pas lui.   Par générofité , il réfolut de la refufer , & de tout employer pour la fervir.   Il ala même en parler à fon Beaupère fur ce ton.   Thomas Dondaine fut effarouché de l'idée feule de ce mariage.   Il fulmina , & dès le lendemain, il fit faire un inventaire en faveur de fes Petitsenfans.   Edme R. n'en parut point affecté ; aucontraire ; voyant les droits de fes Enfans en fûreté ; confidérant l'avantage que fa fortune & la leur pouvaient retirer d'un fecond mariage avec une Femme qui avait beaucoup de droits certains , il retourna chés le Curé moins decidé à refufer.

Dès que le Pafteur le vit , il s'empara de lui , & ne le quitta pas qu'il n'eût arraché fon confentement.   Les articles furent même dreffés.....   Le mariage fe fit dans le temps que meffire Antoine Foudriat avait réfolu.

L'effet que le Pafteur avait attendu de ce mariage, fut auffi heureux qu'il l'avait préfumé.   La calomnie ferma fes cent bouches ; les Héritiers devinrent traitables ; il n'y eut point de procès, & tout fe termina par le miniftère du Notaire.

Edme R. ne fut pas plutôt marié,

qu'il fentit qu'il avait bien fait. Le def-
ordre de l'intérieur du ménage était inconcevable : plus de linge , ni de corps
ni de table , &c , &c. Depuis la mort
de fa bonne Mère , il ne goûtait plus
aucune des douceurs de la vie ; abandonné pour-ainfi-dire à lui-même, il fen-
tait un mal-aife , & une mélancolie, qui
prenaient infenfiblement fur fa fanté.

Sa nouvelle-Epoufe, tandis qu'il s'occupait à recueillir fes biens, rétabliffait l'ordre & l'abondance dans le ménage : Elle
voulut gouverner des Filles déja grandes,
accoutumées à l'indépendance : elle n'y
réuffit pas, & elle fouffrit en cette
occafion, du vice de fon éducation per-
fonnelle : n'ayant jamais été contredite ,
elle ala fans-doute trop loin : mais ce
fut lorfqu'on eut paffé les bornes avec
elle. Cependant , jamais le Mari ne
s'apperçut de ces diffenfions domefti-
ques. Sa Femme reprenait un air ferein,
dès qu'il paraiffait, & ne fe plaignait que
rarement. Ce fut une autre Perfonne
qui inftruifit un Père-de-Famille de ce
qui fe paffait chés lui. C'était aprés ma
naiffance ; car je fuis le premier fruit du
fecond mariage de mon Père. D'autres
Enfans me fuivirent prefque fans inter-
ruption : de-forte qu'en 1745 , Edme

R. était Père de quatorze Enfans vivans, huit Filles & six Garſons : & lorſque le le jeune B. était à la maiſon , il y avait quinze Perſonnes, qui toutes diſaient, mon Père & ma Mère. C'eſt une ſingularité, que ce nombre égal d'Enfans des deux lits ; la ſeule différence, eſt qu'il n'y avait que deux Garſons du premier , & que nous fumes quatre du ſecond.

Une Sœur de mon Père (c'était Marie, la plus jeune) eut occaſion de paſſer quelques jours à la maiſon : le premier & le ſecond jour , tout le monde ſe contraignit : mais la patience échappa aux grandes Filles le troiſième dès le matin. Elles avaient tort ; la Tante ſurpriſe de cet orage , prit le parti de ſa Belleſœur contre ſes Nieces. Mais ce ne fut pas le moyen de rétablir la paix : On pleura ; on dit , qu'on était abandonnées de tout le monde, depuis que cette belle Dame était venue leur enlever le cœur de leur Père. Les jours ſuivans , la même ſcène recommença. Pour-lors la Tante, bien-convaincue que des Perſonnes ſi peu faites pour vivre enſemble ſe rendaient mutuellement malheureuſes, en parla à ſon Frère.

—C'eſt ce que j'avais prévu , répondit-il , & je me ſuis trop-tôt applaudi de m'être heureusement trompé : mais je sais un remède. Ce sont les grandes Filles qui causent tout le mal : on me demande l'Aînée en mariage ; le Parti est avantageux, mais j'hésitais ; je vais la marier. La Seconde souhaite d'aler en apprentissage à la Ville ; elle ira. Mon Beaupère Dondaine me demande la Troisième ; je la lui donnerai. Il a déja la Quatrième : je ne garderai donc ici que la plus Jeune, qui est d'un caractère doux, & qui d'ailleurs n'est qu'une enfant. Quant à mes deux Fils, je ne sais pas si leurs Sœurs les ont mis de leur parti : mais en tout cas, l'Aîné, qui est un homme-fait, malgré sa jeunesse, est au séminaire ; le Cadet sur le point d'y aler ; il est d'ailleurs d'un si excellent caractère, que je n'en ai rien à redouter. Voila des arrangemens naturels. Mais, croyez, ma Sœur, que si je m'étais trouvé dans une autre position, j'aurais su parler en Père & en Maître, & mettre à la raison toutes ces petites Personnes. Elles abusent de ma bonté ! Dites leur que si Pierre Rétif vivait (Dieu lui fasse paix), & qu'à son âge, il apprît leur conduite, il viendrait ici, & les traiterait de-manière à les faire trembler ! Lui, qui ne pouvait souffrir que des Fil-

les, avant leur mariage euſſent un ſentiment , un avis , un ton de voix aſſuré ;
qu'elles prononçaſſent jamais un *oui*,
ou un *non* (*) ! Dites-leur tout cela , &
que je prendrai l'eſprit de mon Père
pour leur parler : prévenez - les , ma
Sœur , je vous en prie... Ce ſerait les
mal ſervir , que de ſouffrir leur aigreur ;
& mes Enfans me ſont trop chers , pour
que j'approuve leurs défauts-.

Ce diſcours fut fermement rendu aux
Jeunes-perſonnes , & les fit trembler.
Mais Edme R. n'en exécuta pas moins
ſon plan ; & la paix fut rétablie par ce
moyen , pour toujours.

Le lendemain , après que ſa Sœur eut
parlé , il fit aſſembler toute ſa Famille ,
& tint ce diſcours , en s'adreſſant ſuccef-
ſivement à ſes Filles :

—J'ai appris , d'hier ſeulement, qu'il
régnait dans ſa maiſon un trouble ſcanda-

(*) J'ai ouï-dire ſouvent à ma Tante Magdeleine , Que lorſqu'elle & ſes Sœurs étaient filles,
jamais elles ne répondaient que par ces mots, *Je
croirais* ; *Il ſemblerait* ; *Si telle choſe était* ; un
ton décidé leur aurait attiré ſur-le-champ une correction rigoureuſe de la part de leur Père. Je
crois cette conduite ſage ; aumoins à en juger
par ce qui eſt arrivé dans ma propre Famille,
comme on le verra : il n'y a pas dans la nature
d'être plus révoltant qu'une Fille décidée : c'eſt
un monſtre.

leux, & que l'infubordination y était portée au-point, qu'on y reconnaiffait plus d'autorité. Si j'avais choifi, pour m'y repréfenter, la Fille d'un Mendiant, & que je vouluffe qu'elle exerçât mon autorité, ne fût-elle que Servante, j'entendrais que fes ordres fuffent exécutés avec refpect, & fans la moindre difcuffion : mais c'eft à mon Epoufe ; c'eft à la moitié de moi-même que l'on réfifte : c'eft à mon choix qu'on ôse s'en prendre! Eh ! qui? Des Filles, dont le rôle ne doit être que la modeftie & la foumiffion ! Vous mériteriez que je fiffe, & fur l'heure, un exemple capable d'épouvanter toutes les Effrontées, qui ne favent pas demeurer à leur place. Mais les prières de Celle que vous avez eu l'indignité d'outrager, me retiennent encore.... Vous, Anne, n'aviliffez pas le nom de votre Grand'mère (Dieu la garde en fon fein !) que vous portez.... Vous, Marie, dont la figure heureufe devrait annoncer une âme bonne & douce, prenez-garde que je ne vous traite avec d'autant plûs de rigueur, qu'il paraît que la méchanceté eft le choix de votre volonté, & non un funefte préfent de la nature.... Vous, Marianne, j'excuferais peut-être votre caractère étourdi, fi vos excès

n'avaient été proportionnés à votre in-
considération : cependant , quoique la
plus emportée , vous avez été moins loin
que vos Sœurs : triste rôle d'un Père,
réduit à louer une de ses Filles , d'avoir
été moins coupable que les autres ! Quant
à vous , Magdelon , qui portez le nom
d'une Tante , que vous n'imitez guère
(Dieu la bénisse & la conserve) ! j'ai
voulu que vous assistassiez à cette juste
& paternelle réprimande , quoique vous
demeuriez chés votre Grandpère , parce-
qu'il m'est revenu que vous fesiez aux
Étrangers des discours contre la Compagne de votre Père : C'est une indignité,
& jamais je n'aurais cru mon sang capable de s'y livrer.   Ainsi (chose horrible!)
c'est des Maîtres , des Juges sévères que
j'avais, aulieu d'Enfans ! Sous quel affreux point-de-vue ont-ils donc envisagé
ma conduite ! & s'ils n'ont pas ôsé le dire,
qu'ont-ils pensé sur mon compte ?... J'espère que mes Fils ne sont pas entrés dans
cette abominable révolte : mais si cela
était , si je l'apprenais , je leur ferais sentir tout le poids de l'indignation d'ûn
Père offensé , & leur punition, audacieu-
ses Créatures , servirait à vous épouvanter.   Qu'il me revienne un mot , dans la
suite !... Puisqu'aulieu d'un Père tendre,

que j'ai toujours été, vous voulez un Maître,... c'eſt un Maître que vous aurez.... Pauvres Folles! ſi vous aviez affaire à Pierre R. (Dieu le béniſſe à jamais) où en ſeriez-vous ? Demandez à votre Tante ; la voila.... Mais vous n'auriez pas commis cette faute, ſous un tel Père, & tous les jours, je bénis, & j'admire ſa ſageſſe. Sa juſte ſévérité eſt preſque toujours ce qu'il faut à un Sexe indomptable, & qui reſſemble au plus entété des animaux ; plûs on lui ſouffre, plûs il óſe.... Sur-le-champ, & toutes, à-genoux, & qu'on demande pardon à ma Femme & à moi de ſa félonie. Qu'on ne me le faſſe pas répéter-......

L'air terrible qu'il ſut prendre fit tomber à-genoux les quatre Orgueilleuſes, auxquelles leur Tante diéta les excuſes, qu'elles alaient être obligées de faire. Mais à-peine eurent-elles dit un mot, que leur Bellemère força la barriere que ſon Mari lui oppoſait, & vint les embraſſer & les relever.

Edme R. ne fit faire aucune réflexion à ſes Filles ſur cette bonté de ſon Épouſe ; il ſe retira , les laiſſant avec leur Bellemère & leur Tante. C'eſt ainſi que ſe paſſa cette ſcène. Mais Edme R. connaiſſait trop le cœur humain pour

compter fur une paix durable : il exécuta fans différer le plan dont j'ai parlé.
L'embarras des noces de l'Aînée tint
d'abord tout le monde dans le devoir
& dans l'action durant une couple de
mois : enfuite le depart de la Seconde pour
Paris , fut un autre fujet de diftraction,
&c.

Quant à fes Fils , Edme R. les voyant
fe deftiner à l'état eccléfiaftique , il ne
crut pas devoir relever quelques torts
qu'ils avaient eus , en prenant trop
chaudement de bouche le parti de leurs
Sœurs : Il refpecta la pureté d'efprit
& de cœur que doivent avoir les Mi-
niftres des Autels : parce-qu'étant des
hommes , il n'aurait pu fe difpenfer
d'entrer avec eux dans certains détails,
fur la néceffité du mariage ; fur ce
qu'un Mari doit à fon Epoufe ; fur
l'union intime qui eft entr'eux , union
fi grande , qu'ils ne font plus qu'un feul
être ; fur la tendreffe coujugale, &c.
Mais il fe referva néanmoins de leur
dire un jour fa penfée , lorfqu'ils feraient
des Hommes-faits ; perfuadés qu'un bon
Curé , pour s'entremettre efficacement
de la paix des Familles , doit connaître
certaines chofes , qu'il ne peut apprendre que d'un Honnête-homme marié.

LA VIE
DE MON PÈRE.

***

LIVRE QUATRIÈME.

C'EST ici en quelque forte la *vie patriarchale* de mon Pere. Je vais le confidérer, comme Pere-de-famille, comme Juge, comme Chef d'une Paroiffe, qui par fon gouvernement reffemble en beaucoup de chofes aux anciennes Républiques.

Léonard Dondaine, Neveu de Thomas, fimple payfan, & qui jamais n'avait entendu parler ni de Céfar, ni même des Romains, avait coutume de dire, —*Il vaut mieux être le Premier du Vaudupuis, que le Dernier de Paris*(*). Le Premier d'un Endroit eft toujours un Homme refpectable par fa place, & il ne convient qu'à des Sots de Ville, (les pires de tous) & à des Brutaux fans principes, de le méprifer.

La petite Paroiffe de Saci ayant des communes, elle fe gouverne comme une grande Famille ; tout s'y décide

***

(*) Hameau dépendant de Saci, dans le territoire duquel font fitués nos bois-communs.

à la pluralité des voix , dans des Affemblées qui fe tiennent fur la place publique,
les dimanches & fêtes , au fortir de la
meffe, & qui font indiquées par le fon de
la groffe - cloche.   C'eft à ces Affemblées, qu'elle nomme les Syndics, dont les
fonctions reffemblent affés à celles des
Confuls chés les Romains ; les Collec-
teurs pour les tâilles ; fes Gardes-finage
pour la fûreté des terres enfemencées &
des vignes ; enfin les Pâtres publics.
Le Préfident né de ces Affemblées eft
l'Homme du Seigneur : le Procureur-
Fifcal y expofe les fujets à traiter ;
mais chaque Particulier a droit de dénon-
cer les abus qui font à fa connaiffance,
ou de propofer les chofes utiles qu'il
a imaginées.   On traite de ces objets
fur-le-champ ; & s'ils font de quelque
conféquence , on envoie les Syndics au
Subdélégué de l'Intendance , pour fe
faire autorifer.   C'eft encore dans ces
Affemblées , qu'on affigne chaque année
le *canton* que chacun doit couper dans
les bois-communs : on tire au fort , à
l'exception du Pafteur, du Chef, quand ce
dernier eft habitant, & des deux Syndics,
auxquels on affigne nommément les *can-
tons* les plus fournis.   Mais depuis la
mort de mon Pere , le Juge ni aucun

Officier de la Justice ne sont plus du Village ; ce sont des Hommes de Vermenton que l'on a crus plus éclairés. Qu'il me soit permis, de déplorer le sort d'une Paroisse, livrée à des Gens-de-plume étrangers, dont l'intérêt est d'y faire naître les divisions : il serait cent-fois moins dangereux, que les Paysans eux-mêmes fussent revêtus de ces charges, dont on les croit incapables : ils connaissent parfaitement (comme fesait mon Pere) les moyens les uns des autres, & un procès est complettement instruit, avant que les Procureurs des Parties ayent parlé : il est impossible qu'ils en imposent sur rien à un Juge du pays. Mais je m'arrête, & cette *quérimonie* (comme on disait anciennement) ne me servira que de transition, pour amener la maniere dont Edme R. rendait la justice.

Il connaissait & les moyens des Parties, & leur manière-de-penser, & les motifs qui les déterminaient. C'était d'après cette connaissance, qu'il cherchait toujours à les concilier. Il y employait tous ses efforts : mais lorsqu'il n'y pouvait réussir, il laissait agir la loi, & la suivait ponctuellement. Aucun motif particulier ne le déterminait, que les formes obſervées, unies au bon droit. Auſſi, aucunes de ſes Sentences, durant le cours d'une longue magiſtrature, n'ont-elles été infirmées ; ou ſi elles l'ont été au Bailliage d'Auxerre, il a eu la ſatiſfaction de voir les Arrêts du Parlement confirmer le bien-jugé de la premiere Sentence. Ce ſuccès jamais démenti, lui concilia ſingulièrement le reſpect & la confiance, non-ſeulement de ſes Co-habitans, mais encore de tous ceux des Bourgs circonvoiſins.

Il ne donnait rien à la pitié, comme Juge : c'était autre choſe comme Particulier. Un jeune Procureur, fils de ſon Neveu le Procureur-Fiſcal, & depuis Avocat célèbre dans une Cour Souveraine, plaidait les Cauſes avec beaucoup de pathétique, lorſque le ſujet s'y prêtait : chargé de celle d'un pauvre Habitant, qu'un riche Bourgeois de Crevan dépouillait d'un héritage, il excita la ſenſibilité de l'Auditoire, & le Juge lui-même ne put retenir quelques larmes : Cependant le Pauvre perdit ſa Cauſe avec dépens. Le Richard préſentait un titre valable ; & le Pauvre avait, diſait-il, perdu le ſien, lors de l'incendie dont j'ai parlé.

Au ſortir de l'Audience, le Juge

invita l'Etranger à dîner ; il y fit trouver le vénérable Pasteur, messire Antoine Foudriat, le Procureur fiscal, & le jeune Défenseur qui avait succombé. Edme R. était persuadé, dans le fond de son âme, que le pauvre Habitant, avait raison. On dîna : mais à la fin du repas, le Pauvre qui avait perdu, fut averti, & vint se présenter, afin d'obtenir quelque répit pour les dépens, qui n'étaient pas considérables. L'Etranger touché de ce qu'il voyait, refusa de recevoir ceux qui le concernaient, & en donna quittance. On renvoya le pauvre Homme.

Dès qu'il fut sorti, le Juge pria l'Etranger qui avait gâgné, de lui donner un moment d'entretien particulier. Il lui exposa ses doutes sur la légitimeté de son triomphe, avec tant de force qu'il l'ébranla : mais cet héritage l'accommodait, & cette raison seule l'empêcha d'être juste. Il partit. Le Pasteur, le Juge & le Procureur-Fiscal, de-concert, résolurent d'acheter à leurs dépens, un petit héritage à vendre, voisin d'un champ du pauvre Homme, & de le lui donner, pour le dédommager. Ils exécutèrent ce plan sur l'heure, le Juge étant Notaire, & l'on envoya dire au pauvre Homme de venir signer l'acte , sans lui expliquer de quî lui venait cette libéralité ; desorte qu'il crut, que celui qui avait été capable de lui remettre les dépens , avait auffi fait ce bel acte de générofité. Dans cette idée , le Pauvre ala dès le lendemain , plein de reconnaiffance remercier le Bourgeois de Crevan , portant un petit préfent de gibier & de volaille. L'Homme riche furpris de ce qu'il apprenait, déclara, qu'il n'avait aucune part à l'acquifition : mais entrevoyant la fource d'où elle venait, il écrivit fur-le-champ à fon Métayer de Saci, de mettre le pauvre Homme en poffeffion d'un champ de pareille contenance au fien, à fon choix dans toutes les terres qu'il fefait valoir. Ce qui fut exécuté : Le pauvre Homme eut deux champs aulieu d'un , & devint l'ami & le protégé de fa Partie adverfe , qui dans la fuite l'a conftamment obligé.

On fent que dans les grandes Villes, il n'eft pas poffible qu'on ait ainfi des Juges qui connaiffent tous les Particuliers : mais c'eft un avantage que nous ôfons fupplier les Seigneurs de Paroiffe de procurer aux Campagnes ; moins de lumières , & plûs de probité; c'eft ce qui fera d'une grande utilité dans ces premières Jurifdictions. D'ailleurs, le

Juge & fon Procureur-Fifcal étant dans l'endroit, ils ont l'œil fur tout, & les abus font ou prévenus, ou auffitôt réprimés. Je reviens à la fuite du trait que je rapportais.

Lorfque tout fut terminé, on complimenta le jeune Orateur ; & le Père, à cette occafion, félicita fon Fils d'être, en cela, l'imitateur d'Edme R. Il cita un plaidoyer de fon Oncle, lorfqu'il n'était que Procureur, & que M.ᵉ Bovjat, fon Prédécesseur, fiégeait encore.

La Caufe était celle d'une Mère, qui plaidait contre fes Enfans, pour être maintenue dans la jouiffance entière du bien de feu fon Mari. La demande n'était pas jufte. Mais Edme R., dans l'intention de faire rentrer ces Enfans en euxmêmes, & de les toucher, fe chargea de la caufe, & prépara un difcours, fur ce que les Enfans doivent à leurs Mères. Il parlait de cœur, comme on peut l'imaginer, lui qui était fi bon Fils, & qui agiffait alors avec fa bonne Mère, précifément comme cette Veuve defirait que fes Enfans en agiffent avec elle. Il fit d'abord une peinture touchante de la tendreffe de cette Mère pour fes deux Fils & fa Fille dans leur enfance : il repréfenta quelles peines elle avait effuyées pour les élever , après la perte qu'elle avait faite de fon Mari. Comme elle avait travaillé la nuit & le jour ; ce qui était à la connaiffance de tout le monde ; comme elle s'était privée du néceffaire pour qu'ils n'en manquaffent pas ; il en cita des exemples connus, qui firent fondre en larmes l'Auditoire, en-même-temps qu'ils excitaient fon admiration. Le Juge touché , ne pouvant fe contenir fur fon Tribunal , s'écria :

—Hola ! hola ! M.ᵉ R. vous tendez des piéges à la Juftice ; & le droit eft pour les Enfans , fi la nature & la raifon font pour la Mère.

—Le droit eft la nature & la raifon, répartit trop vivement le jeune Procureur. Le Juge lui impofa filence.

—Permettez-moi , monfieur , lui dit Edme R., avant que vous prononciez, de m'adreffer à-préfent à ces Enfans,.... durs, il faut le dire , & que je tâche de les émouvoir pour une fi tendre Mère, courbée fous le fardeau des ans, qui leur demande , dans la force de leur âge, au nom de la vie qu'elle leur a donnée, de quoi foutenir la fienne : elle ne veut que du pain , fes larmes l'arroferont, s'ils le lui donnent trop dur-.

Ce mot , beaucoup plus touchant &

Je vois, je vois le Ciel, qui remet (la ven-
gence) entre les mains de vos Enfans.

lus énergique pour des Payſans que les Gens des Villes ne peuvent ſe le figu-er, excita les ſanglots de toute l'Aſſem-blée: les Enfans ſeuls avaient les yeux ſecs.

—Vous avez gâgné votre procès, ſ'écria Edme R.; vous l'emportez ſur... une Mère; triſte & malheureuſe vic-toire! mais au nom de l'humanité, pour votre interêt, n'en abuſez pas : ne ré-duiſez pas au deſeſpoir, cette Infortu-née, qui vous a tant aimés !.... (Et la prenant par la main, & la feſant avan-cer) Que faut-il qu'elle faſſe ? doit-elle vous demander grâce ? & l'obtiendra-t-elle de vous ? (les voyant toujours in-ſenſibles) Infortunée ! s'écria-t-il, ce ſont des Tigres, & non des Hommes que vous avez porté dans votre ſein , & ils le déchirent aujourd'hui! venez , venez, je vous ſervirai de Fils.... Et vous, malheureux, tremblez! tremblez! mais ne redoutez pourtant pas la ma-lédiction maternelle : trop tendre encore, votre Mère vénérable vous bénit du mouvement de ſes lèvres : mais la ven-geance n'en ſera que plus terrible ; je vois, je vois d'ici le Ciel vengeur , qui la remet dans les mains de vos Enfans-!

Il prononça ces derniers mots avec tant de véhémence , que l'Auditoire pouſſa un cri de frayeur. Les in-

flexibles Enfans furent enfin ébran-
lés : Ils vinrent embraffer leur Mère,
& fe defiftèrent fur le barreau de toutes
leurs demandes ; promettant & s'enga-
geant formellement devant leurs Concitoyens , de laiffer leur Mère en tranquile & paifible jouiffance de tout, tant
qu'elle vivrait.

Edme R. un-peu remis de fon excès
d'enthoufiafme , fit des excufes au Juge,
à l'Affemblée , & même aux Enfans,
pour la fin de fon difcours, qu'il avoua
être trop forte : mais le Juge l'embraffa,
l'Affemblée applaudit ; & les Enfans eux-
mêmes le remercièrent.

Edme R. s'approcha enfuite de l'oreille
du Juge , & lui dit , en préfence du
Procureur-Fifcal , du Greffier , & des
autres Officiers feulement :

—Monfieur , j'ai défendu fciemment
une caufe que je devais perdre ; je dois
les dépens , & à quelque chofe qu'ils fe
montent , adreffez-moi l'exécutoire, fans
que cette pauvre Famille en entende
parler. Ç'a été mon deffein, dès le premier inftant où cette pauvre Mère eft
venue s'adreffer à moi–.

Tel fut le récit que fit le Procureur-
Fifcal , de cette belle action de fon Oncle. Le Pafteur le loua , le jeune Procureur fe félicita de marcher de loin

fur fes traces : le refpectable Edme R. larmoyait d'attendriffement. Ce trait lui rappelait fon honorable Père & fa bonne Mère , & c'était pour eux que coulaient fes larmes–.

—Mes Enfans, dit Antoine Foudriat à la petite Famille qui était préfente , aimez votre Père & votre Mère, & vous aurez toutes les vertus. Vous aimerez Dieu & le Prochain ; ce qui eft toute la Loi , comme dit JESUS : Aimez & vénérez votre Père, car vous avez en lui le modèle & l'exemple de la conduite d'un Honnête-homme–.

J'ai paflé légèrement fur deux qualités de mon Père, celle de Chef de fa Communauté , & celle de Juge (*) : ces

(*) J'ai omis plufieurs traits, fur-tout ceux qui regardent le criminel. Edme R. avait toujours à la bouche cette maxime : —Combien de Gens feraient honnêtes, s'ils pouvaient perfuader qu'ils l'ont toujours été–! Il anéantit deux procédures criminelles, l'une qui regardait un jeune Garfon, dont les Chevaux avaient malheureufement tué un Homme ; & telle était la confiance qu'on avait en lui, que le Coupable vint fe cacher chés le Juge, pendant qu'Edme R. accommodait l'affaire avec les Parens du Mort. L'autre procédure concernait une pauvre Fille , qu'un accident mit dans une pofition qui pouvait être mal-interprétée. S'il vivait, je n'aurais ôfé le révéler : mais il eft mort, avec la fatiffaction

titres , tout importans qu'ils font , aux yeux du bon Citoyen , font moins inté-reffans & moins généraux que celui de Père-de-famille. C'eft en cette dernière qualité , qu'Edme R. fut peut-être le premier Homme de fon fiècle : qu'on permette cette expreffion à un Fils, qui eft l'Hiftorien de fon Père. Cependant j'efpère que le Lecteur , lorfqu'il aura fuivi le détail des faits , que j'ai à lui préfenter , partagera mon enthoufiafme, ou tout aumoins l'excufera , & le trouvera légitime.

Mes Concitoyens , c'eft le tableau

d'avoir fauvé un Citoyen utile , qui fe ferait aumoins corrompu dans les prifons, & une bonne Mère-de-famille. Les Jufticiers de Village n'ont que trop la fureur des procès-criminels, pour les fujets les plus minces ; ils croient fe donner de l'importance par-là. En voici un exemple récent : Un Homme propriétaire d'un preffoir, y découvrit un trou par lequel le vin fuyait; il le temponna inutilement, la preffion fefait un nouvel écart : le Propriétaire garda le filence pour ne pas décréditer fon preffoir , & mit un vafe fous la table, pour recevoir le vin qui fuyait, & le remettre en fecret dans l'auge d'écoulement. Un Payfan brutal s'en apperçut : il intenta un procès criminel, que les Officiers externes inftruifirent avec chaleur : la Mère de l'Accufé , femme refpectable , mourut de douleur, avant que fon Fils n'eût prouvé fon innocence. Jamais pareil fcandale ne ferait arrivé fous Edme R.

d'une *vertu de tous les jours*, que je vais vous offrir ; d'une vertu facile , aimable, & qui eſt le ſeul fondement ſolide du bonheur , pour cette vie , & de la reputation qu'on laiſſe après ſa mort.

Après avoir reprimé l'anarchie qui voulait s'introduire dans ſa premiere Famille , Edme R. ſe vit heureux , au ſein de la nouvelle. Ses travaux lui avaient procuré une ſorte d'aiſance ; il jouiſſait d'une conſidération méritée ; ſes Enfans aînés , Filles & Garſons , ſe portaient au bien : enfin, il était chéri & reſpecté de ſon Epouſe, comme Pierre l'avait été d'Anne Simon.

Tous les ſoirs à ſouper , qui était le ſeul repas où toute la Famille pouvait être réunie , il ſe voyait, comme un Patriarche vénérable , à la tête d'une maiſon nombreuſe ; car on était ordinairement vingtdeux à table , y comptis les Garſons-de-charrue & les Vignerons , qui en hiver étaient batteurs, le Bouvier, le Berger , & deux Servantes , dont l'une ſuivait les Vignerons , & l'autre avait le gouvernement des Vaches & de la laiterie. Tout cela était aſſis à la même table : le Père-de-famille au bout du côté du feu ; ſa Femme à côté de lui , à-portée des plats à ſervir ;

(car c'était elle-seule qui se mêlait de la cuisine ; les Servantes qui avaient travaillé tout le jour , étaient assises , & mangeaient tranquilement) ; ensuite les Enfans de la maison , suivant leur âge, qui seul règlait leur rang ; puis le plus ancien des Garsons -de - charrue & ses Camarades ; ensuite les Vignerons ; après lesquels venaient le Bouvier & le Berger ; enfin les deux Servantes formaient la clôture ; elles étaient au bout de la table , en face de leur Maîtresse, à laquelle elles ne pouvaient dérober aucun de leurs mouvemens.

Tout le monde mangeait le même pain ;. la distinction odieuse du pain-blanc & du pain-bis n'avait pas lieu dans cette maison ; d'ailleurs ce n'aurait pas été une économie ; le son un-peu gras, étant nécessaire aux Chevaux , aux Vaches-laitières , aux Porcs qu'on engraissait, & même aux Brebis, lorsqu'elles avaient agnelé.

Pour le vin , comme le Père-de-famille en usait peu , & qu'il n'en avait pris l'usage que fort-tard , il n'en buvait que de vieux. La Mere-de-famille ne buvait que de l'eau , que son Mari n'avait pas eu peu de peine à l'engager à rougir seulement par une idée de vin.

Les

Les Enfans buvaient tous de l'eau , sans exception. Les Garsons-de-char-rue & les Vignerons buvaient un vin qui leur était beaucoup plus agréable que celui du Maître ne leur aurait paru : c'était le vin de preffurage , paffé fur un *rapé* de *rales* de raifin. Tout le monde fait que les Payfans aiment un vin qui grate le gofier ; & ce goût général , eft confidérablement renforcé à Saci , où l'efpèce humaine eft d'une groffièreté & d'une maffiveté , qui a peu d'exemples , même en Allemagne. Germain , le premier Garfon-de-charrue , avait l'air véritablement Tudefque : c'était un gros Homme , dont la face , fans être graffe , était haute & large d'un demi-pied : il avait l'air d'une force incroyable ; & malgré cela , on voyait répandue fur fa phifionomie une cer-taine bonté qui raffurait , & qui fefait que les Enfans même le recherchaient pour jouer avec lui. Après le Maître & la Maitreffe , c'était Germain qui était le plus refpecté. Les autres Do-meftiques ne fefaient rien fans prendre fon avis ; & il le donnait toujours , fans avoir l'air de commander. C'était un excellent Garfon ! Heureufes les Maifons où il y a de pareils Serviteurs ! heureux les bons Domestiques, qui trouvent des Maîtres capables de les bien apprécier! Le Bouvier & le Berger, qui étaient ordinairement des Jeunes-gens, portaient respect aux Garfons-de-charrue & aux Vignerons ; les deux Servantes fe montraient obligeantes envers eux-tous, & leur Maîtresse les avait chargées de raccommoder le linge & les hardes des Hommes. Ces Filles avaient en-outre des temps fixes où elles pouvaient travailler pour elles-mêmes.

Il n'avait pas été possible à Edme R. de mettre un certain ordre dans la journée pour les prières, ni même pour les repas : les devoirs des différentes Personnes à-gages étaient absolument différens ; il n'y avait que le déjeûner à cinq heures du matin, où ils fuffent à-peu-près tous réunis ; car en été, le Bouvier & le Berger, étaient déja partis pour les pâturages. On fefait une courte prière en-commun, compofée de l'oraifon-dominicale feulement ; enfuite on fe féparait, pour ne fe rejoindre tous-enfemble que le foir. Mais alors Perfonne ne manquait. C'était donc après le fouper que le Pere-de-famille fefait une lecture de l'écriture-fainte : Il commençait par la Genèfe, & lifait avec onction, trois ou quatre chapitres, selon leur longueur, les accompagnant de quelques observations courtes, & peu fréquentes, mais qu'il jugeait absolument nécessaires. Je ne saurais me rappeler sans attendrissement, avec quelle attention cette lecture était écoutée ; comme elle communiquait à toute la nombreuse Famille un ton de bon-hommie & de fraternité (dans la Famille, je comprens les Domestiques.) Mon Père commençait toujours par ces mots : —Recueillons-nous, mes Enfans ; c'est l'Esprit-saint qui va parler—. Le lendemain, pendant le travail, la lecture du soir précédent, fefait le sujet de l'entretien, entre les Garsons-de-charrue sur-tout.

Il faut à cette occasion, que je fasse une observation, qu'on a déja vue dans l'ÉCOLE DES PÈRES, *Tome I, p.* 264 ; c'est que la charrue donne des mœurs plus innocentes, que la culture de la vigne, quoique celle-ci soit très-pénible ; que les Bouviers, font inférieurs de ce côté-là aux Vignerons, & que les Bergers, ont encore moins de candeur & d'innocence que les Bouviers.

Après la lecture, suivait en été une courte prière en-commun ; on fefait ensuite reciter aux Jeunes-Gens une leçon du Cathéchisme du Diocèse ; puis on s'alait coucher en silence ; car après la prière du soir, les ris & la conversation à voix haute étaient sévèrement interdits.

En hiver, où les soirées sont plus longues à la Campagne (car à la Ville, le temps est toujours le même), après la lecture & la leçon de Cathéchisme, le Pere-de-famille racontait des histoires, soit anciennes, soit modernes ; il y fesait entrer à-propos les plus belles sentences des Anciens (*). C'était la re-création. L'avidité était extrême pour ces récits instructifs ; & comme chacun pouvait rire, & faire ses observations, c'était un amusement délicieux, pour des Paysans & pour des Enfans qui n'en avaient jamais connu de plus agréable. Il falait que ces entretiens, & la lecture leur plûssent beaucoup : nous avons eu souvent chés nous les Fils des meilleurs Habitans pour domestiques ; & lorsque leurs Parens leur demandaient la raison, qui leur fesait desirer avec tant d'ardeur d'entrer dans notre

____

(*) On trouve à la fin du *Tome I* de l'ÉCOLE DES PERES, *p.* 453 & *ſ. iv.* un exemple de ces conversations. J'ai tiré de celles de mon Père la plupart des faits de cet Ouvrage : les autres m'ont été racontés par ma respectable Tante Magdeleine, & par quelques Vieillards de Nitri.

maifon, ils n'en donnaient pas d'autre, que la lecture & les entretiens du foir. Si mon Père avait été capable de politique, c'en aurait donc été une excellente que de tenir cette conduite.

Quant au travail de la journée, le Père-de-famille s'occupait lui-même avec infatigabilité, & prêchait beaucoup plûs d'exemple que de paroles ; auffi n'y eut-il jamais de meilleur Maître & plus chéri des Gens qui le fervaient : C'eft que le fervice était réciproque, lorfque l'occafion s'en préfentait. Il avait fouvent à la bouche cette maxime du Sage : *Si tu as un bon Serviteur, qu'il te foit comme ton âme ; traite le comme s'il était ton Frère.* (*Eccl.* ch. 33.) Et cet autre: *N'accable point un Serviteur qui fait ce qu'il peut, & qui emploie fon âme à ton fervice.* (*Id.* ch. 7.) Il fe levait dès le matin, & conduifait lui-même une de fes charrues. Il était un parfait laboureur : fes Garçons n'avaient qu'à l'imiter, & aucun, pas même Germain, ne put fe flatter de l'égaler. C'était de cette feule habileté qu'il était glorieux ; on voyait à un léger fourire, qui fe traçait fur fa figure toujours gracieufe & douce, combien il était flaté, quand on lui difait qu'il était un *excellent Laboureur.* —C'eft l'Art des Arts, répondait-il quelquefois,

& l'on peut être un tant soit-peu vain d'y exceller. Il avait de la répugnance pour le travail de la vigne, & il ne s'occupait dans les siennes qu'aux vendanges; mais il les visitait en bon Maître, & se connaissait parfaitement à ce qui manquait. Ce n'était pas un defaut que cette répugnance : s'il avait eu le goût du travail de la vigne, avec ses autres occupations, le Notariat, la Magistrature, les consultations, les arbitrages, il aurait falu qu'il abandonnât le labourage, qu'il chérissait par-dessus tout.

On ne l'a jamais vu un seul instant inoccupé, si ce n'est les Dimanches & Fêtes : encore avait-il un livre à la main en se promenant, s'il était seul, & ce livre était ou de morale, ou de jurisprudence, dont il étudiait quelque passage relatif aux causes qu'il avait à juger dans dans la semaine. Il disait que dans ces cas, son *Praticien-français* était un excellent livre de dévotion, puisqu'il y apprenait son devoir.

Il était d'un facile accès pour ses Garçons; mais un-peu plus sur la réserve avec ses Filles, qu'il ne tutoyait jamais.

Dans l'intention où il était de lier sa première Famille avec la seconde par tous les noeuds possibles, il fit les Aînés, Pareins & Mareines des Cadets. Le digne Curé de Courgis, & Anne, l'aînée des Filles, m'ont nommé ; & ainſi de-ſuite, juſqu'au plus Jeune de tous, dont je fus Parein à mon tour, avec la plus jeune des Filles du premier-lit, en 1745, mon Père ayant alors cinquante-trois ans.

L'année ſuivante, la proſpérité d'Edme R., malgré la charge de 14 Enfans vivans qu'il avait alors, excita l'envie d'un Habitant de Saci, Collecteur des tailles. Il fit porter la cotte de mon Pere, à une taxe exorbitante : Edme R. s'en plaignit modérément ; mais on n'y eut aucun égard. Piqué, trop vivement peut-être (ce ſont ſes propres termes), il crut devoir uſer du bénéfice de la loi, portée en faveur des Pères de douze Enfans vivans. Il préſenta une requête à M. *De-Brou*, alors Intendant, qui était à Tonnerre, ſimplement expoſitive du fait, ſans plainte contre Perſonne. M. l'Intendant écrivit de ſa main: *Edme R.*, *pere de quatorze Enfans*, *à ſix livres*. Et il lui fit dire de bouche :

« Vous devriez ne rien payer du tout: » mais comme vous avez demandé une » taxe, je vous donne celle-là, qui ſera » la même tous les ans: je fais d'ailleurs, » que vous êtes trop bon ſujet du Roi, » pour vouloir être entièrement exempt».

Quelques années-après, M. *Berthier-de-Sauvigni* ayant succédé à M. *De-Brou*, les mêmes Envieux remirentà Edme R. son ancienne cotte. Il retourna à M. l'Intendant, avec une Requête de trois lignes, qui fut sur-le-champ répondue comme l'avait été celle présentée à M. *De-Brou*. M. *Berthier* le fit entrer devant toute la Compagnie, à laquelle il voulait montrer le Père de 14 Enfans ; il lui parla avec affection, & lui frappant sur l'épaule, il le félicita de son heureuse paternité. Pendant toute la vie de mon Pere, il fut taxé à six livres par M. l'Intendant lui-même, ou par le Subdélégué.

Ce trait, que la vérité m'oblige de rapporter tel qu'il est arrivé, surprendra peut-être de la part d'un Homme qui pensait comme Edme R. Il me sera permis d'ajouter ici les motifs de sa conduite. On le consultait pour la taxe, comme pour traiter des autres affaires publiques. Mais il se trouve toujours dans les Paroisses quelques Turbulens, qui aiment à contrarier, & à montrer qu'ils ont du pouvoir, en felant du mal. Malgré les observations d'Edme R. & celles des plus sages Habitans, il n'arrivait que trop souvent qu'on surchargeait les plus Pauvres de la Paroisse,

ſoit par haîne particulière, ſoit parce-
qu'on les croyait peut-être moins gênés.
Edme R. & le Paſteur, meſſire Antoine
Foudriat, avaient coutume d'aider ces pau-
vresGens dans le ſecret, à payer leur cotte:
Le Lecteur entrevoit à-préſent qu'Edme R.
ſe trouvant lui-même ſurchargé, ne pouvait preſque plus contribuer au ſoulage-
ment des plus pauvres de ſes Co-habitans.

Je croirais ne faire qu'imparfaitement
l'Hiſtoire du Mari, ſi je ne diſais rien
de la conduite de la Femme; puiſque le
Père & la Mère-de-Famille ne font qu'un
individu complet.

Edme R. a toujours gardé avec ſes deux
Epouſes une certaine dignité maritale :
il ne tutoyait pas, & n'était pas tutoyé.
Il prenait avec ſa Femme un air de conſidération ; mais ſans apprêt & ſans *empe-
ſage*. Son Epouſe de ſon côté lui parlait avec reſpect. Il eſt vrai que ſa conduite, & la manière dont il était regardé
par tout le monde, était un ſûr moyen
de le lui concilier. Je ne ſuis pas inſtruit parfaitement des détails qui con-
cernent Marie Dondaine ; je n'ai eu
là-deſſus que des notions générales. A
l'égard de ma Mère, je ſuis beaucoup
plus au-fait, ayant été témoin oculaire.

D v

On m'a dit que dans les commencemens du mariage de ma Mère, son extrême vivacité, & l'éducation volontaire qu'elle avait reçue, ne lui firent pas choisir les moyens les plus sûrs pour captiver l'affection de son Mari : avec tout autre Homme, elle aurait été malheureuse. Mais Edme R., en mari sage & prudent, étudia le caractère de sa nouvelle Épouse, & se comporta avec elle de-manière à faire impression sur son esprit. Il la prit par les sentimens, pour l'engager d'abord à contraindre un-peu sa vivacité : ensuite il l'instruisit solidement de ses véritables devoirs, mais en-particulier, & sans que jamais Personne de la Famille se doutât de ce qui se passait. Au-contraire, devant ses Enfans, & devant les Etrangers, il lui marquait la plus haute considération. Voici quelques-uns des avis qu'il lui donnait : C'est ma Mère elle-même qui me les a rendus, après la mort de mon Père. Elle me les citait, pour me faire sentir combien elle lui devait de reconnaissance, & qu'il était impossible que rien modérât les regrets que lui causait la perte d'un tel Mari.

—Ma chère Femme ; le défaut le plus dangereux dans un Mari, c'est d'être un

Mari faible, & qui ne fait pas tenir le fcep-
tre de l'autorité conjugale: c'eft le défaut
que j'ai remarqué dans les Maris Pari-
fiens. Je vous fouhaite heureufe ; je
ne vous aurais pas époufée, fi je n'a-
vais pas eu notre commun avantage en
vue : mais ce n'eft pas en aveugle que
je le defire. J'en ai entrevu le moyen,
dès que j'ai eu le deffein de vous offrir
ma foi. Ce moyen , c'eft le but même
que j'ai eu en vous époufant, d'être votre
appui & votre défenfeur : & le Défenfeur & l'Appui , n'eft pas l'efclave. Dites-moi , d'où-vient cette force que la
nature a donné à l'Homme ? d'où-vient
eft-il en-outre, toujours libre de fa perfonne , hardi , courageux , audacieux
même : eft-ce pour ramper faible adu-
lateur ?... D'où-vient la nature vous
a-t-elle faite fi charmante , faible avec
cela, craintive ? d'où-vient vous a-t-elle
donné ce ton fi doux qu'a votre voix ; ces
inflexions délicates & mignardes , eft-ce
pour commander durement & avec hauteur ? Non, ma chère Époufe, c'eft pour
charmer; & pour dire le mot net, c'eft pour
fléchir l'Être qui eft le plus fort , & le
déterminer en votre faveur. Votre lot
eft de plaire , & d'adoucir par le charme
des careffes les pénibles travaux qu'en-

D vj

treprend pour vous l'Être fort qui vous est uni, & qui ne fait plus qu'un avec vous : ce sourire charmant n'est fait que pour le délasser en un instant de tous ses travaux, & l'exciter à en entreprendre d'autres plus penibles encore.

Si une Femme trouve un Mari faible; elle commande & croit en être plus heureuse ; elle n'est qu'impérieuse, & le commandement n'est jamais un bonheur, quoiqu'il satisfasse une des passions du cœur humain ; mais cette passion étant une de celles qui le mettent en guerre avec ses Semblables, elle apporte plûs de trouble que de véritable plaisir. Gardez-donc votre rôle, & n'en sortez pas : sinon ;... je ne suis pas un Tyran,... mais je prendrai le vôtre, & quelque ridicule qu'il soit avec ces traits mâles & cette barbe fournie, il vous faudra l'essuyer, jusqu'à ce que vous me recédiez le mien..... Vous souriez : mais en-honneur je vous parle sérieusement. Le premier moyen d'être heureux en ménage, celui qui donne le prix à tous les autres, c'est que le Chef commande, & que l'Epouse tendrement chérie, fasse par amour, ce qu'on nommerait dans toute autre qu'une Epouse, obéir.

——Vous dorez la pilule ; mais je vous entens.

—C'est pour cela que j'ai parlé claire-ment, ma chère Femme ; car on ne doit parler que pour être entendu.... Ne m'objectez pas que vous avez été heu-reuse dans votre premier mariage par des principes tout-opposés. Votre pre-mier Mari avait commencé par avoir des torts essenciels avec vous ; il a cru ne pouvoir aler trop loin ensuite, pour vous les faire oublier. Je l'approuve, c'est une conduite sage : A sa place, j'en aurais fait autant. Mais notre po-sition est différente à nous-deux ; nous ne sommes plus des Enfans qui doivent se flatter ; nous sommes des Epoux mûris, qui doivent agir sérieusement, & remplir chacun leur rôle dans toute son étendue. Ce n'est qu'en suivant la nature qu'on peut être heureux : le rôle natu-rel du plus Fort, c'est le gouverne-ment : le rôle naturel de la plus Faible, de la plus aimable, c'est d'en tempérer la dureté, non - seulement pour elle-même, mais pour toute la Famille. Ma chère Epouse, j'ai résolu fermement de me conformer au vœu de la nature : soyez douce ; obtenez, & n'exigez pas. Du-reste vous avez autant d'autorité que moi sur toute la maison, puisque l'Homme & la Femme ne font qu'un : mais vous n'êtes pas le Chef ; quand on est deux, il faut qu'il y en ait un qui soit le premier.   Celui à qui la nature a donné le pouvoir d'être le Maître par force, doit l'être par un effet de la déférence, qu'on a pour lui, afin qu'il en fasse un mérite à Celle qui lui cède, & qu'il exerce son autorité en ami, en père.   Réglez-vous désormais sur ces principes.   S'il ne s'agissait que de mon bonheur, je me sens la force de vous faire bien des sacrifices : mais je sais par expérience que les Femmes-Maris, sont les moins heureuses de toutes.   Les Femmes ressemblent aux Peuples Orientaux dont elles ont à-peu-près l'imagination vive, & facile à épouvanter, elles préferent, sans s'en douter, un gouvernement où il faut obéir sans raisonner, à un autre où elles auraient le choix d'obéir ou non : toujours indécises, elles passeraient leur vie dans une fatigante perplexité.   Aussi, qu'on ôte aujourd'hui un Despote aux Asiatiques, demain ils en auront un autre : j'ai lu que les Romains en avaient autrefois fait l'expérience avec les peuples de Cappadoce (*), & que cette Nation préféra un Souverain absolu à la liberté.

____

(*) Edme R. avait peu lu l'Histoire profane ; mais il citait & fesait le savant par politique, sa-

—Mais, mon Mari, je ne demande pas à vous dominer.

—Ni moi non-plûs, ma chère Femme : je demande que chacun de nous soit exactement à sa place : qu'il règne entre vous & moi un accord, une harmonie, semblable à celle qui est entre tous les membres d'un même corps. Ecoutez : toutes les fois que vous voudrez quelque chose, proposez-le moi desintéressément ; je l'examinerai avec vous de sens-froid ; & si cela nous est utile.... si cela l'est seulement pour vous, ce sera une chose décidée sans retour.

—Je vous le promets-.

Dans toute la suite de sa vie, Barbe Ferlet, que des circonstances particulières, & son éducation d'Enfant-gâté avaient d'abord rendue une épouse ordinaire, devint une véritable Anne Simon : Elle prit dans les lectures de l'Ecriture-sainte qu'on fesait tous les soirs, une véritable idée de ses devoirs (*);

chant combien cela impose aux Personnes ignorantes, & aide à les convaincre par l'admiration. J'en ai fait cent-fois l'expérience, & les Curés de campagne ont tous les jours occasion de remarquer cet effet de la science sur les Ignorans.

(*) J'ai fait des extraits de ces beaux passages dans mon Ouvrage intitulé LES GYNOGRAPHES, OU LA FEMME-REFORMÉE, 1777. *Paris*, Humblot, & le présent Libraire.

& j'ai vu le spectacle touchant de la conduite des Femmes des premiers âges, renouvelé par ma Mère. Il est impossible de faire le tableau de ces petits détails respectueux, de cet ensemble de conduite, qui annonce la subordination de l'Epouse, sans indiquer l'esclavage: coup-d'œil toujours si agréable aux Etrangers, qu'on voit bien que c'est la route de la nature, & ce que chacun en-particulier souhaiterait pour soi-même.

Plûs son Epouse était soumise, attentive, plûs elle le traitait en Souverain chéri, plûs Edme R., de son côté, lui marquait de considération: exact à la faire craindre & respecter de toute la Maison, il avait annoncé pour une de ses maximes inviolables, qu'il passerait volontiers toute injure faite à lui-même personnellement; mais que lorsqu'on aurait manqué à sa Femme, il n'y aurait aucune indulgence à attendre. C'est ce qui arriva un-jour à l'une des Servantes, qui laissa périr exprès une Chienne excellente, qu'Edme R. aimait beaucoup: tout le monde tremblait pour elle, sachant à quel point le Maître était attaché à cet Animal utile; mais il se contenta de la reprendre avec modération & d'une manière si paternelle, qu'il la fit pleurer de regret.

Un mois après, cette Fille s'emporta contreſa Maitreſſe & lui manqua d'une manière groſſière. Edme R. l'ayant appris, il la renvoya ſur le champ, ſans vouloir entendre aucune excuſe, ni même les prières de la Maitreſſe.

—Ma Femme, dit-il enſuite à ma Mere, ſi je ſouffre que l'on vous manque, vous verrez bientôt toute la maiſon en deſordre : ſachez que la manière la plus agréable pour moi d'être reſpecté, c'eſt de l'être en vous : qui vous marque un degré de conſidération, c'eſt comme le double à mon égard ; & une complaiſance qu'on a pour vous, vaut dix complaiſances qu'on aurait pour moi. Il en eſt de-même pour nos Enfans ; je ſuis bien plus flaté d'une careſſe faite à mon Fils ou à ma Fille, que de grandes démonſtrations qu'on me ferait à moi-même. D'où-vient (pardonnez l'exemple ; mais c'eſt que je n'en vois pas de plus expreſſif) d'où-vient un Homme eſt-il ſi ſenſible à un coup donné mal-à-propos & ſans ſujet à ſon Chien? D'où-vient ſuffit-il ſouvent, pour gâgner ſon amitié, de faire des careſſes à cet animal, ou de lui donner un morceau de pain? C'eſt que le Maître voit dans cette dernière action une envie ſincère de lui faire plaiſir. Ceci n'eſt qu'une faible image : Une Femme, des Enfans obligés, touchent bien autrement le cœur d'un Mari & d'un Pere-!

Eſt-il étonnant qu'un pareil Mari fût honoré de ſa Femme, & adoré de ſes Enfans! Auſſi était-il l'âme de ſa Maiſon, abſent comme préſent : Tout ce que l'on feſait, ce que l'on diſait même ſe rapportait à lui. S'il était en voyage, & qu'il arrivât le ſoir un-peu plus tard que l'heure du ſouper, on voyait toute la Famille, Enfans & Domeſtiques, attendre avec un air d'inquiétude & de triſteſſe. Frappait-il à la porte, le coup de heurtoir était répondu par un cri-de-joie de toute la Maiſon. Je n'ai jamais entendu ce coup de heurtoir, ſans voir ma Mère palpiter de plaiſir : Elle ſe levait avec empreſſement ; répétait l'ordre d'aler ouvrir , quoique cinq à ſix Per-ſonnes y fuſſent déja ; elle s'agitait ; préparait elle-même le bonnet-de-nuit, les ſabots (ſe ſont les pantouffles de ce pays-là) elle les rempliſſait de braiſe, quoique ſes Filles vouluſſent lui en éviter la peine ; mettait ſa chaiſe dans la place qu'il aimait ; lui verſait un verre de vin chaud , qu'elle lui préſentait à ſon entrée , avant de lui dire une ſeule parole. Le Patriarche buvait , l'air content ; enſuite il la ſaluait, & nous ſaluait tous, jusqu'au petit Berger , s'informant d'un chacun d'un air de complaisance & de bonté.....

Hélas ! voila le bonheur ! Je ne l'ai vu que là ! Infortuné que je suis , de l'avoir été chercher ailleurs !......

Il racontait ensuite les nouvelles qu'il avait apprises , soit à Auxerre , soit à Vermanton , soit à Noyers , Tonnerre ou Vèzelai. On juge avec quelle avidité elles étaient écoutées , par des Gens qui habitaient un village absolument isolé ! Si quelqu'un était obligé de se déranger , pendant ce récit , on voyait quelle peine cruelle c'était : mais Edme R. à son retour , avait la complaisance de lui redire ce qu'il n'avait pu entendre. Il alait plus loin en faveur des Domestiques : c'est que s'il était venu Quelqu'un dans le jour , comme cela arrivait assés souvent , qui eût raconté des nouvelles , ou dit quelque chose d'utile ou de singulier , il en faisait part le soir à toute l'Assemblé. Mais jamais ces récits n'empêchaient la lecture de la Bible.

Dans le temps des Avens , comme il avait la voix fort-agréable , il prenait plaisir chaque soir à chanter des Noels : On fait comme ces Cantiques font naïfs ; c'était une récréation pour la Famille, qu'il savait lui rendre extrémement agréable.

C'eſt ainſi que ce ſage & bon Pere, ſévère pour qu'on remplît ſon devoir dans le travail, ne regardait pas comme indigne de lui de ſe charger de la recréation journalière : —Le plaiſir (diſait-il, ſans avoir lu *Young* ; mais c'eſt une penſée ſi naturelle !) le plaiſir eſt le baume de la vie, & il n'y a que les cœurs innocens qui s'y livrent tout-à-fait-(*).

Il arriva un-ſoir une ſingularité, qui fit voir combien il était aimé en-général de tous les Habitans : Un Particulier de Nitri, nommé *Balton*, qui était reſté juſqu'à nuit cloſe à boire à Saci, trouva plaiſant en s'en retournant de crier au meurtre. Il était ſur la colline au piéd de laquelle eſt ſituée la-Bretone. Malheureuſement mon Père, qui avait été à Nitri, n'était pas encore arrivé. Aux cris étouffés que pouſſait l'Ivrogne, ma Mère penſa s'évanouir : elle appela tous les Domeſtiques qui n'étaient pas encore montés pour ſouper. On s'arme, on court : Ma Mère envoye au Village, demander de l'aide. Dès qu'on ſut qu'il s'agiſſait d Edme R. attaqué, chacun quitta ſon ſouper, prit ce qu'il trouva ſous ſa main, & courut par

____

(*) *C'eſt la vertu ſous un nom plus gai*, dit YOUNG : c'eſt la même penſée en d'autres termes.

le chemin de Nitri. On ne trouva rien. L'Ivrogne entendant venir cette Foule (car il n'y avait pas moins de cinq-cents Perfonnes), fe jeta dans les vignes. Les Habitans continuèrent leur route, & ils auraient été jufqu'à Nitri, fi au coin des bois-communs de ce Bourg, ils n'avaient rencontré mon Père, qui revenait tranquillement. Il avait été étrangement furpris du bruit qu'il entendait devant lui : dès qu'il put parler aux plus Avancés, il leur cria : —Eh ! mes Enfans, qu'eft-donc, qu'eft-ce donc ? Y a-t-il quelque malheur au pays-? On lui expliqua le fujet du tumulte qu'il entendait. Il remercia avec effufion de cœur, & en arrivant à la maifon, il fit percer le meilleur tonneau, que la petite armée eut bientôt mis à fec.

Cette avanture fit du bruit dans le canton : on l'a diverfement racontée : on favait qu'Edme R. apportait de l'arǵent d'une tournée de chés fes Débiteurs, & tout le monde a cru, & le croit peut-être encore, qu'il avait été réellement attaqué par Balton, mais qu'il avait voulu fauver en cachant ce crime. Pour moi, ai rapporté la vérité.

Après avoir parlé de la conduite Edme R. avec fon Époufe & fes

Domestiques, il ne me reste plus à parler que de celle qu'il a tenue avec ses Enfans.

Il était sévère, sans être dur, & la preuve sans replique, que c'est la meilleure méthode, c'est qu'il fut beaucoup plus sévère avec ceux du premier-lit, qu'avec ceux du second, & qu'en-général ceux-là valurent mieux que ceux-ci. Une nouvelle preuve encore ; c'est que les premiers Enfans du second-lit, traités presqu'aussi sévèrement que les Aînés, ont plus de vertus morales que leurs Cadets. Je parle ici desintéressément, & je m'oublie autant qu'il est possible, pour ne songer qu'à la verité. Aussi, dans sa vieillesse fut-il d'une indulgence excessive. C'était une vertu de plus dans ce respectable Vieillard ; mais le caractère des *Rétifs* est en-général trop-verd, pour que ce régime puisse leur être favorable.

Il n'a cependant jamais exercé sa sévérité envers son Fils aîné : ce caractère heureux se porta au bien dès l'enfance ; il s'y porta avec excès, pour être Rétif en quelque chose (c'était une des expressions de M. l'Avocat R.) & l'on n'avait d'autre affaire avec lui, que de le modérer. Tel fut Aristote, au rapport de Platon. Quel bonheur pour un Père qu'un pareil Fils ! si ce bonheur n'était pas trop souvent mêlé de la crainte de perdre l'Enfant qui le donne !

Quant au Fils cadet du premier-lit, je n'ai pas non – plus ouï-dire, que notre Père ait été obligé de le traiter durement : Cependant il était paresseux, & son excessive bonté, dont aujourd'hui tous ceux qui le connaissent tirent tant de fruit, pouvait alors passer pour le défaut qui en est l'excès. Aussi n'était-il pas aimé de Thomas Dondaine son Ayeul & son parein, qui était entièrement subjugué par les qualités brillantes de l'Aîné : mais Edme R. encourageait ce second Fils, & lui marquait la plus tendre affection, en lui disant souvent : —Thomas, comme j'aimais mon Père plus que moi-même, Dieu m'a fait la grâce de lui donner le Premier de mes Fils, dans lequel sa divine bonté le fait revivre : mais elle m'a donné le Second, dans lequel je me reconnais avec plaisir : Sois bon, mon cher Fils ; l'esprit est une qualité bien-dangereuse, quand la dose de bonté qui l'accompagne ne suffit pas pour se mélanger également avec lui : tu es fait pour être le plus heureux, si-non le plus apparent : que cela te console, mon cher Thomas—.

Je suis l'aîné des Enfans du second-lit.

J'ai les traits de mon Père & de mon Frère aîné, sans avoir leur figure agréable. Quant au caractère, infiniment inférieur au Premier, pour la bonté, & cette force de vertu qui le rendait si vénérable ; également inférieur au second en génie, en lumières, je gémis avorton informe, également indigne & du sang dont je sors, & des exemples que j'ai eus.... Pardonnez, ô mânes de mon Père! & vous, son Lieutenant à mon égard, mon respectable Aîné, pardonnez aussi! je vais redoubler d'efforts, pour mériter l'honneur de porter le même nom que vous !

Jean-Baptiste R., le second des Fils du second-lit, est mort à quatorze ans. Son esprit était borné ; mais il aurait fait un-jour un second Thomas R.: son ingénuité & sa bonhommie ont fait pendant toute sa jeunesse l'amusement de la Maison, sans que pour cela il en fût le jouet : notre Père, qui riait lui-même de ses naïvetés, ne l'aurait pas souffert.

Charles R. est le troisième des Fils. C'était le portrait vivant de mon Père pour la figure, & pour la tournure d'esprit : mais il était inventif, ardent ; en-un-mot c'était l'esprit de Pierre R. avec la vivacité de notre Mère, dans le corps d'Edme

me R. Cet Enfant d'une fi grande efpé-
rance, fut tué en 1757, en Hanover.
Il était dans le Régiment d'Auvergne,
& n'avait pas dixfept ans.

Pierre R. le plus jeune, occupait la
maifon paternelle. Son éducation s'eft
trop reffentie, comme je le difais, de
l'indulgente vieilleffe de notre Père. Il
eft mort le 5 augufte 1778, laiffant fept
Enfans, dont quatre garfons. J'ajouterai
feulement que l'on nous écrit beaucoup
de bien de fon Fils aîné (qui n'a que
douze ans) pour l'entente des travaux ruf-
tiques, pour le goût de l'économie & de
l'occupation. Puiffe cet Enfant retracer
la conduite d'Edme R., & le faire revivre dans le pays qu'il a fi longtemps & fi
utilement fervi !

Lorfque quelqu'un de nous avait commis une faute, il en était repris fur-le-
champ avec févérité ; mais fans aucune
correction *active*. Selon la gravité de
la faute, mon Père décidait auffitôt
le châtiment, qui était, ou des privations,
ou même le fouet. Les privations étaient
annoncées plufieurs jours d'avance, &
tous les jours, on prononçait au Coupable fa fentence : Si c'était le fouet, il
était remis à huit jours : la fentence était
prononcée en ces termes, après la répri-

mande : —Mon Fils tel , (ou ma Fille une telle) dans huit jours, à telle heure, vous aurez le fouet , pour expier la faute que vous venez de commettre , & servir d'exemple à vos Frères & Sœurs, de ma main , (ou si c'était une Fille) de la main de votre Mère-. Cette sentence du fouet , ne se prononçait qu'une fois. Mais à l'heure de l'exécution, le Coupable était appelé ; on fesait l'examen de sa conduite , depuis la sentence : si sa conduite avait été excellente , le pardon était accordé ; si médiocre , le fouet était modéré ; si méchante, la correction était... bien-rigoureuse : j'en ai éprouvé une de ce genre de la main paternelle , qui se fesait encore sentir plus de quinze après. Il est inutile de dire que la fuite était impossible. Mais pour avoir le fouet, il falait un cas très-grave : je ue l'ai eu que deux-fois, & j'étais fort-méchant : la plupart des autres Enfans ne l'ont jamais eu, sur-tout les deux Aînés & les Filles.

Mais lorsqu'un Enfant avait fait quelqu'action qui méritait des éloges ; il les recevait le même soir devant la Famille assemblée , & ils étaient proportionnés à la beauté de l'action.

L'un des Fils fut loué ainsi ; pour avoir donné à un pauvre Malade, la soupe au-lait & l'œuf-frais qu'on lui avait porté pour son dîner, dans un champ où il gardait du bléd qu'on y avait étendu sur des draps pour sécher. Il reçut ensuite la bénédiction paternelle.

Un autre fut loué, pour avoir été courageusement ôter de gros Bestiaux qui gâtaient un héritage, & avoir ainsi sauvé au Propriétaire le dommage,& au Maître des Bestiaux l'amende & le coût du dégât : l'Enfant n'avait que huit ans.

Un des Fils fut loué, mais d'une manière moins solemnelle, pour avoir, à l'âge de dix ans, seul, triomphé d'un Loup, qui attaquait le troupeau : il lui avait d'une main hardiment arraché sa proie d'entre les dents, en lui donnant de l'autre des coups d'un bâton-ferré : la victoire était entièrement remportée, lorsque ceux qui étoient témoins du combat, purent venir au secours.

Une Fille fut louée solemnellement, pour avoir contenu la Troupe des Moissonneurs de la maison, qui disait des paroles grossières à une pauvre jeune Glaneuse,d'une aimable figure,& pour avoir fait manger cette Fille avec elle, dans la vue de lui attirer de la considération. Pour mieux marquer aux Moissonneurs l'horreur qu'il avait de leur conduite , Edme R. rendit cette cérémonie très-touchante , & voulut que la Glaneuse moiſſonnât par-la-ſuite , & gâgnât autant qu'une des plus habiles de de la Troupe.

Dans ſa jeuneſſe , le vénérable Edme-Nicolas R., Fils aîné , avait été loué ſouvente-fois , pour diverſes actions éclatantes de charité , de modeſtie , de piété filiale envers tous ſes Parens.

Anne R. , Fille aînée , & déja mariée , fut louée pour ſa bonne-conduite en ménage , avec un Mari très-diſſipé, peu laborieux, dont elle avait fait un bon Mari par ſa douceur , ſes complaiſances , les encouragemens qu'elle lui donnait, & l'ardeur incroyable avec laquelle elle lui épargnait une partie des peines , en feſant elle-même autant, & plûs qu'elle ne pouvait.

Marie R., quoiqu'abſente , & étant alors à Paris , fut louée pour ſa conduite dans cette Ville , ſur le témoignage de ſes Maitreſſes, & d'une de nos Tantes : comme elle était jolie , elle avait été expoſée à quelques épreuves , dont elle s'était tirée avec autant de modeſtie que de courage , &c.

Il eſt inutile de faire obſerver au Lecteur , combien cette conduite , vraiment patriarchale , était efficace , pour donner de bonnes - mœurs : ceux - mêmes des Enfans de notre maison , qui malheu- reusement jetés dans le tourbillon d'un monde corrupteur , ont pu se livrer pen- dant quelques années d'effervescence à des plaisirs dangereux , n'ont pas tardé à rentrer en eux-mêmes , & à revenir aux bons principes qu'ils ont reçus dans leur enfance.

Il est beaucoup d'autres détails que j'omets, depeur de paraître minucieux. Mais je crois avoir assés fait connaître le digne Citoyen auquel je dois le jour.

Edme R. obtint enfin, comme surnom, le titre qu'il avait si vivement desiré de mériter , celui de l'*Honnéte - homme*. Il avait tous les jours occasion de se l'en- tendre donner. Mais un-soir il fut té- moin secret d'un dialogue entre *Jacquot Blaise* le Berger, & *Germain* le Garson- de-charrue, qui dut lui être bien-agréable!

Jacq. Bl. Dites-moi donc, Germain, qu'est-ce que ça veut dire l'*Honnête- homme* , qu'on dit après qu'on a nommé notre Maître ? *Germ.* Mais , est-ce que tu n'entens pas ce que ça signifie ? *Jacq.* Je vois ben à-peu-près : mais je n'entens pas ce mot-la ben clairement. *Germ.* Sais-tu-ben ce que c'est que

d'être bon Père ? *Jacq. Bl.* Oui ...
Germ. Bon pour fa Femme ? *Jacq.* Oui.
Germ. Bon Maître ? *Jacq.* Oui. *Germ.* Bon
Juge ? *Jacq.* Un-peu. *Germ.* Bon en-
vers un chacun, & bien-craignant Dieu ?
Jacq. Oui, je fais ce que c'eft que tout ça.
Germ. Eh-ben c'eft ça qui s'appelle être
Honnête-homme. *Jacq.* Me voila inf-
truit. Ma-foi ! notre Maître eft ben
nommé ; car il eft bon tout ce vous ve-
nez de dire là , Germain-.

Le foir après fouper , l'*Honnête-homme* nous dit devant toute la Famille affemblée : —Mes Enfans, il eft un héritage que j'ambitionne beaucoup de vous
laiffer ; c'eft que par-tout où vous irez,
par-tout où vous vous direz mes Fils, chacun vous réponde auffi-tôt : —Ah! vous
êtes le Fils d'Edme R.! c'était un *Honnête-homme* ! Croyez-moi, mes Enfans,
cela vaudrait mieux que fi on difait, C'é-
tait un riche Homme ! C'était un habile
Homme ! C'était un favant Homme ! Il a
battu une Armée à lui feul, & le Roi l'a
fait Comte , Marquis ou Duc , ou telle
autre chofe que ce puiffe être ! Et tous
tant que vous ferez , mes Enfans , dans
tout le cours de votre vie , que vous ne
faites que de commencer , n'ayez pour
but & pour unique ambition , que de

dignement mériter cette belle & utile qualité ; car si vous la méritez bien, on vous la donnera à la fin. —Comme à vous, Maître, dit Germain : car un-chacun vous la donne, & sur-tout nous, qui vous voyons de plus près, & pour qui vous n'avez pas la moindre chose de dérobée. —Dieu en soit loué, Germain-!

Voici une autre circonstance, où cette même qualité de l'*Honnête-homme*, causa au respectable Vieillard, une joie aussi vive que pure.

Un de ses Fils, qui demeurait alors à Auxerre, partit la veille des fêtes de la Toussaints avec un de ses Camarades, pour aler voir son Père. Ils passèrent par un Village qui était à-moitié chemin, où demeurait un proche Parent. Mais une escapade de jeunesse très-récente, fit mal-accueillir le jeune R. : Humilié d'être traité de la sorte devant son Ami, ils partirent sur-le-champ tous-deux pour se rendre à Saci, par des chemins couverts de bois en partie. Environ à mi-chemin, ils n'en pouvaient plus de lassitude & de faim. Les deux Jeunes-gens, d'environ seize ans, n'avaient pas grand' monnoie : le jeune R. sur-tout, qui n'en avait encore jamais senti l'utilité, avait négligé de se munir d'une dixaine de pièces de deux fous, qu'il laiffait rouiller dans fa chambre avec quelque ferraille. Le befoin les obligea de frapper à une porte, en paffant par le village de *Puits-de-Bond*. Ils trouvèrent les bons Payfans à table ; qui foupaient avec du petit-falé ; une grande cruche de vin était devant le feu : c'étaient trois Familles réunies qui fe régalaient , à la fin de leurs femailles. Ils étaient *Suitiers* les uns des autres ; c'eft-à-dire , affociés pour faire une charrue de trois chevaux.

—Nous voudrions bien avoir un coup à boire , en payant , dirent les deux jeunes Affamés. —Oui-dà , Meffieurs : mettez-vous-là ; tout - près du feu ; il faut céder la place aux Nouveaux-venus. —Mais c'eft que , dit le jeune R., nous ne fommes pas bien riches-. Et le Camarade tira fix fous-&-demi de fa poche , fomme totale de leurs richeffes. —Il y a là pour vous bien régaler, dirent en riant les Payfans : mettez-vous à table , Meffieurs; reprenez votre argent ; on ne paie pas ici d'avance.... Pourrait-on vous demander d'où vous venez ? —D'Auxerre. —Et vous vous mettez en route fi tard ! —Vous voyez bien , dit le Camarade, que nous n'avons pas peur des Voleurs. Et-puis c'eft que nous devions

Ah! l'honnête-homme de Père que vous avez!

coucher à une lieue-&-demie d'ici, chés le Frère de mon Camarade; mais,.. on nous a mis à la porte-...

Le jeune R. rougiſſait, & donnait des coups-de-coude à l'Indiſcret. —Il faut bien que je me venge un-peu, lui répondit celui-ci : mais je garderai le ſilence chés ton Père-.

Les Jeunes-gens ſe mirent à manger, non pas ſuivant un appétit de ſeize ans ; mais avec la modération de Gens qui n'ont chacun que trois-ſous un liard à donner pour leur écot.

Cependant le Maître de la maiſon examinait curieuſement ſes Convives ; la figure du jeune R. ſurt-tout le frappait. —Meſſieurs, dit-il enfin, ſans être trop curieux, & où alez-vous ? —A Saci. —Je ne me trompe pas, dit-il à ſes Amis ; ce ſont ſes Fils... Comment vous nommez-vous ? —Je me nomme Rameau, dit le Camarade, & mon ami Rétif. —A ce dernier nom, toute la tablée ſe leva avec une ſorte de tranſport. —Vous êtes le Fils de M. R.! eh ! que ne l'avez-vous dit en entrant ! Ah ! l'*Honnéte-homme* de Père que vous avez ! Il n'y a pas un Habitant dans Puits-de-bond à qui il n'ait rendu ſervice, & à moi, en mon particulier.... Femme, apportez le boudin : il ne peut être mangé en plus honorable Compagnie, à-moins que le Père lui-même n'y fût. Alons meſ-fieurs, on ne part pas ce ſoir : voila un lit, ce ſera pour vous, &c. Toute la maiſon était en-l'air. Le Camarade, petit gaillard fort éveillé, était ravi. A tout moment les Bonnes-gens ſe récriaient, Ah ! l'*honnête-homme* de Père que vous avez !... Monſieur, diſaient-ils au jeune Rameau, dans tous les environs, votre Ami ſerait reçu comme ici.... —Je ne m'étonne plus, dit ce Dernier à ſon Ami, que tu faſſes ſi peu de cas de l'ar-gent ! tu n'en as que faire en route ! Alons, alons, je te pardonne notre ré-ception de tantôt, & l'eſcapade qui l'a oc-caſionnée (*).

Enfin les deux Jeunes-Gens ſe diſpo-ſèrent à partir, malgré les peurs qu'on voulait leur faire pour les en empêcher. A leur ſortie, toute la tablée porta la ſanté d'Edme R. en lui donnant mille bénédictions.

Les Jeunes-gens arrivèrent à Saci en moins de deux heures, quoiqu'il y eût près de trois lieues. Mais ils s'étaient

─────────

(*) C'était une Lettre d'amour, écrite à JEAN-NETTE ROUSSEAU, jeune & aimable Perſonne du bourg de Courgis.

refait, par le vin & le regal des Bonnes-gens. Ils entrèrent comme le Père-de-famille achevait la lecture de la Bible. C'était le chapitre de la Genèfe, où Jacob revenant de chés Laban, rencontre fon frère Efaü, & trouve moyen de le fléchir. Cette lecture attendrif-fante avait ému tout le monde ; le Fils de la maifon fut reçu avec tranfport, quoiqu'on le grondât un-peu d'arriver fi tard. On fit un accueil proportionné à fon Camarade. Leur appétit était prefqu'auffi vif qu'au Puits-debond ; on leur fervit à fouper, & la Famille entière refta, pour écouter le récit de leur voyage, le jeune Étranger ayant annon-cé, qu'ils avaient eu beaucoup de peine.

Ils mangèrent d'abord ; enfuite le Père-de-famille leur dit: —Alons, mes Enfans, faites – nous un peu le récit de vos traverfes, dans le grand voyage que vous venez de mettre à fin ? —Ne vous moquez pas, Monfieur, dit le jeune Etranger ; nous en avons eues des traverfes, & de cruelles : mais la plus cruelle de toutes, ç'a été celle de courir les rifques de mourir de faim. Nous fom-mes partis d'Auxerre à neuf heures. —Vous vous êtes donc égarés ? —Juf-tement ! —Comment, mon Fils ! tu ne fais pas encore la route ! —C'eſt que nous avons pris , continua l'Etranger, par des chemins de traverſe ; bien-nommés, je vous aſſure ! & à ſix-heures du ſoir, nous n'avions encore rien mangé: car notre déjeûné d'Auxerre n'en mérite pas le nom. Avec cela , pas d'argent dans nos poches. Mais ſi j'avais ſu la pièce-de-crédit qu'avait M. votre Fils ! —Comment, une pièce de-crédit? —Et une bonne, Monſieur : votre nom. Dès que nous l'avons eu prononcé, le pain, le vin, la viande, d'excellent boudin, un bon feu, des careſſes preſque comme celles que nous recevons ici , tout cela nous a plu ſur le corps. Je n'avais encore jamais vu rien de pareil–.

Et le Jeune-homme ſans prendre halei-ne , raconta tout ce qui s'était paſſé au Puits-debond : Toutes les fois qu'il répétait l'exclamation des Bonnes-gens, qui ſervait comme de refrein à leurs diſcours , l'*honnéte-homme de Père que vous avez* ! on voyait le reſpectable Vieillard lever les yeux vers le Ciel, & retenir à-peine ſes larmes.

Quel moment délicieux ! & la vertu n'eût-elle que cette recompenſe , ne ſurpaſſerait-elle pas toutes les préten-dues jouiſſances que le vice procure?

Je vais terminer cette intéreſſante Hiſtoire: mais je la ferai ſuivie par quelques traits de la conduite de mes deux Frères-aînés, capables d'achever de donner une idée complette du Père vertueux, qui a ſu former de tels Enfans.

Edme R. jouit d'une aſſ̈es bonne ſanté, juſqu'en 1763, qu'il fut attaqué de la maladie dont il mourut en 1764, au mois de Décembre. Cette année, la prairie fut inondée par les pluies. Le temps de la fauchaiſon étant arrivé, le reſpectable Vieillard, dont rien n'avait jamais pu ſuſpendre les travaux, crut qu'il avait encore *l'invulnérabilité* de ſa jeuneſſe (qu'on me paſſe le terme). Il coupa lui-même l'herbe dans l'eau, avec une adreſſe dont lui-ſeul était capable, & en tira la plus grande partie. L'eau était ſi froide, que tous ceux qui lui aidèrent en furent incommodés : mon plus jeune Frère eut une fièvre tierce. Mais l'effet le plus funeſte, fut ſur mon Père, qui avait travaillé d'avantage & plus longtemps. Une fièvre lente s'empara de ce corps robuſte, & le mina inſenſiblement pendant près de deux années.

Je n'ai pas eu occaſion de parler du Fils aîné de ma Mèie, dans le cours de cet Ouvrage : Il avait pris un art auſſi utile aux Hommes, qu'il eſt noble par l'évidence & la ſûreté des ſecours qu'il procure, la Chirurgie. Il s'y diſtingua : Il connaiſſait ſur-tout ſi bien le tempérament de mon Père & de ma Mère, qu'il ne les traita jamais envain ; ſoit que ſa méthode fût infaillible ; ſoit plutôt, que la confiance en lui fît plûs que le remède. Cet excellent Garſon était mort à vingtſix ans, d'une chute de cheval, laiſſant une jeune Veuve, qui lui a donné un Fils poſthume. Durant tout le cours de ſa maladie, Edme R. ne diſait autre choſe dans ſes ſouffrances, ſinon, —Hélas! ſi j'avais ici mon pauvre Bovjat-! Ce fut la ſeule plainte qu'il ſe permit.

Meſſire Antoine Foudriat n'était plus ; ce fut un jeune Curé qui adminiſtra les derniers Sacremens : mais le reſpect de ce jeune Paſteur pour le Vieillard était déja ſi profond, qu'il lui rendit des honneurs ſans exemple en cette occaſion. Il était ſuivi de toute la Paroiſſe ; les Vieillards en larmes, rempliſſaient la chambre du Malade, & tout le reſte, à genoux dans la cour, formait des vœux pour ſa conſervation.

Le jeune Paſteur, après une exhortation aux Aſſiſtans, ſur la néceſſité de ſe

Le corps de l'Homme de-bien est le temple le plus
agréable à la Divinité.

préparer de-loin à la mort, ajouta, en s'adreſſant à Dieu : *O mon Seigneur, c'eſt dans le Tabernacle le plus digne de vous que je vais vous placer aujourd'hui : le corps de l'Homme-de-bien eſt le temple le plus agréable à la Divinité..... Prenez courage mon digne Père* (car par reſpect, il n'ôſait, a-t-il dit lui-même, le nommer mon Frère) ; *ou vous alez être rendu à nos vœux, ou vous alez jouir de la bienheureuſe vie dans le ſein d'Abraham, avec tous les Juſtes, à qui vous avez reſſemblé. Mais de tous les Juſtes, j'ôſe le dire, il n'en eſt pas qui doive attendre de plus glorieuſe recompenſe, que le bon Père-de-famille, qui a fait autant d'Heureux & de Vertueux qu'il a eus de Familiers ; qui a donné à l'Egliſe de dignes Miniſtres ; à la Patrie de brâves Défenſeurs ; à l'Etat, des Citoyens de toutes les claſſes, & ſur-tout des Mères-de-familles exemplaires & fécondes : Ce ſera un cri-de-joie dans le Ciel à votre entrée, & le ſaint Patriarche Jacob, & tous les Saints des premiers âges que vous avez révérés, vont vous préſenter aux piéds du Trône de* CELUI QUI EST, &c.

Cette exhortation était bien dans le

goût du vénérable Vieillard : auffi lui tira-t-elle des larmes, & depuis ce moment, il attendit la mort avec une férénité & même une joie, qui n'était troublée que par l'affliction de ma Mère.

Il n'eft plus ! Dieu-tout-puiffant ! votre plus noble ouvrage n'eft plus ! car un Père vertueux eft votre vivante & fainte image ! Béni foyiez-vous, ô mon Père, & du féjour des Juftes, jetez un regard propice fur votre infortuné Fils ! Amen.

LA vérité m'oblige à dire, qu'il y a peut-être un reproche à faire à cet Homme vertueux : c'eft qu'il aurait voulu avancer tous fes Enfans dans le monde. Il n'en a enlevé qu'un aux travaux champêtres ; il a foigné notre éducation, autant & plûs que fes moyens ne le lui permettaient, & il nous deftinait à vivre dans la Capitale. Cela venait fans-doute de l'eftime que le vertueux Pombelins lui avait infpirée pour ce dangereux féjour, & des avantages dont il avait été fur-le-point d'y jouir. Mais autant il avait de goût pour nous voir établis à Paris, autant il nous détournait de nous fixer dans les Villes de

Province , & voici ce qu'il nous répétait souvent pour nous en détourner :
—Mes Enfans, la qualité d'Homme est si belle, qu'il faut éviter tout ce qui peut y donner atteinte : Or, je n'ai vu nul endroit où cette belle qualité soit plus avilie que dans les petites Villes de Province : cinq à six gros Habitans s'en regardent comme les Propriétaires , & il semble que c'est par grâce qu'ils veulent bien y souffrir l'utile Populace qui cultive la terre , exerce les métiers, & fait aler le commerce. J'en ai vu quelquefois des exemples révoltans sur les promenades publiques , de la part de ces prétendus Propriétaires , qui, possédant les principales charges de Magistrature, avaient en main tout le pouvoir. Je serais mort de douleur dans un pareil séjour. A Paris, aucontraire, l'Homme est encore plus libre qu'ici ; il n'y a qu'un Maître, qui l'est de tout le monde; & si un Duc-&-Pair vous éclabousse , vous pouvez le lui rendre l'instant d'après. Grand & bel effet de la liberté dans cette Ville immense , où l'on voit non-feulement la Nation dans toute sa majesté, mais ou le Genre-humain respire l'air salutaire & le précieux parfum de l'égalité. Je n'ai jamais entrevu Paris de loin, qu'avec le tendre sentiment

d'un Fils qui revoit sa Mère. A-la-vérité, cette Mère est un-peu capricieuse : elle est quelquefois bien dure ! mais aussi la plupart du temps, elle choye ses Enfans, au-point de les gâter. Je ne vous parlerai pas des amusemens & des recréations qu'on trouve dans Paris : cette grande Ville est un spectacle continuel, où les scènes changent à chaque pas & à chaque instant : Mais, ce qui est bien mieux, c'est un livre toujours ouvert, où vous pouvez lire toute la journée, si vous n'avez rien à faire, en parcourant sur les Quais les Marchands de vieux livres : vous voyez encore en estampes les plus beaux traits de l'Histoire, & si vous avez quelques commencemens d'étude, vous vous instruisez en vous promenant, en faisant même vos affaires. A tout-moment vous pouvez y être utile au Prochain, sans bourse délier, si vous n'êtes pas riche ; à toute heure du jour vous pouvez en passant satisfaire votre piété ; on y loue Dieu à tous les instans du jour & de la nuit. Ajoutez que le corps humain y étant assés bien soigné, pour l'ordinaire, il y est frais comme une belle rose au matin, avant que le soleil & la poussière aient séché la rosée. La parure même, que je ne condamne pas, y donne aux figures un cer-

tain air de bonne-humeur & de fatiffaction (*) ; les Femmes y font dix-fois
plus aimables qu'ailleurs. Paris, mes
Enfans, ou notre Village : mais pourtant plutôt Paris que notre Village-.

Rien de plus vrai que ce fentiment du
digne Homme ; j'ai éprouvé tout ce
qu'il dit, & la peinture qu'il fait de la
Capitale, qu'il regarde comme le refuge
de tous les Opprimés, & la confolation
du Genre-humain, eft un de ces traits de
génie, qu'on conçoit mieux qu'on ne le
peut exprimer. Mais les mœurs y cou-
rent bien des dangers ! Hélas ! eft-ce
un vice inhérent à la Capitale, & Celui
qui s'y corrompt, n'a-t-il pas apporté
dans fon cœur le germe de la corruption ?
Edme R. y vécut auffi pur que dans fon
Village... Heureux mortel ! Heureufe la
Patrie, fi elle n'avait que des Enfans
comme toi !

Mon Père n'était pas mauvais pro-
phète, en croyant que la Capitale pouvait être avantageufe à fes Enfans. Sans
de malheureufes circonftances, deux de fes
Fils y auraient trouvé le même bonheur

____

(*) Le refpectable Homme voyait tout en beau
& en bon : c'eft ainfi que font faits les Cœurs-
droits. — Les Cauftiques, les Chagrins font des
malades-d'efprit, difait-il fouvent ; les Méchans
voient tout en laid, parce-qu'ils n'ont pas l'âme
belle-.

que leur Père. Charles R. le même qui
est mort Soldat dans l'Hanover, fut pris
en affection chés un Notaire de Paris,
qui fut si charmé de ses qualités, qu'il
se proposait de lui donner un jour sa
Nièce. Nous avons encore la Lettre
qu'il écrivit à mon Père à ce sujet,
après l'engagement du Jeune-homme;
engagement qui ne fut pas l'effet du li-
bertinage, mais d'une sorte d'enthousias-
me qui saisit Charles, & lui fit désirer
de servir l'Etat, en payant de sa personne.

Un autre Fils aurait encore été plus
heureux : Mais cet Infortuné fut toujours poursuivi par un sort contraire;
triste exemple pour les Enfans indiscipli-
nés, qui s'abandonnent à leurs passions
fougueuses, & qui prétendent disposer
deux-mêmes à leur gré dans la circonstance la plus importante, de la vie, le
mariage.... Il faut, avant de rapporter son
avanture, mettre le Lecteur au-fait
d'une circonstance inattendue.

En 1764, par une singularité frap-
pante, sans être miraculeuse, il se trou-
vait à Paris, dans le même commerce de
M. Pombelins, avec une fortune égale
à celle qu'il possédait, un de ses Petitsenfans par Eugénie, qui avait deux
Filles, de la plus charmante figure,
dont l'Aînée se nommait Rose, & la

adette Eugénie , comme leur Grand'-
mère & leur Grand'tante. Par une autre
ingularité , un des Fils d'Edme R. vit
es deux Jeunes-personnes , sans les connaître , & devint éperdûment amoureux
de l'Aînée. Emporté par une passion
dont il n'était pas le maître , cet infortuné
Jeune-homme , sans but fixe , puisqu'il
était marié, écrivit des Lettres anonymes,
où ses sentimens étaient peints avec une
véhémence & une verité qui firent impression , non sur la Jeune-personne,
mais sur son Père. Il desira de connaître quel était celui qui pouvait écrire
ainsi , & donna ordre à ses Garsons de
tâcher de le surprendre. Ils y réussirent
à la dixième Lettre , non à l'instant où il
la posait , le Jeune-homme prenait de
trop exactes précautions ; mais dans un
moment où il s'enivrait du plaisir de regarder la belle Rose B * * à une fenêtre
basse. Ils le saisirent , & le traînèrent
dans une salle , où étaient les deux
Jeunes - personnes , leur Frère , &
le reste de la Famille : le Père était
alors absent. Quelle confusion pour un
Homme naturellement timide , & qui
était dans un très-grand négligé ! ... Il
essuya beaucoup d'humiliations ; mais la
plus cruelle de toutes , fut le dédain de

Celle qu'il adorait : dédain trop mérité pourtant.

Le Père-de-famille survint, à l'inſtant où on venait de lui faire écrire quelques mots, pour ſe convaincre qu'il était l'Auteur des Lettres. Dès que M. B. vit le Jeune-homme, il fit ſortir tout le monde ſans exception, & ſentant que ſon cœur s'intéreſſait vivement pour cet Inconnu, il lui parla avec douceur.

—Pourquoi cherchez-vous à déveloper dans le cœur d'une de mes Filles, une paſſion qui peut y faire d'affreux ravages ? Pourquoi m'outragez-vous, moi qui ne vous ai jamais rien fait ? Tâchez de me fournir aumoins quelque motif de vous excuſer—?

Le jeune Imprudent, confondu de tant de bonté, ſe jeta aux genoux de M. B * *   —J'ai tort, lui dit-il, voila tout ce que je puis & tout ce que je veux dire : mais j'ai été entraîné malgré moi ; ma faute n'a pas été volontaire. —Excuſe ordinaire de tous ceux qui font mal.   —Je ſuis au deſeſpoir de ce que j'ai fait : mais je ſuis trop vrai pour vous dire, que je ne le ferais pas, ſi j'étais à le faire.   —Qui êtes-vous ?   —Un Jeune-homme de Province.   —Vous la nommez ?   —La Bourgogne.   —La

Pourquoi m'outragez-vous ?

Bourgogne ! Votre nom-? Il le dit. —Mon cher Ami , caufons tranquile-ment : votre Père n'a-t-il jamais de-meuré à Paris ? —Oui, Monfieur ; & il y a été plus heureux que moi. —N'a-t-il pas connu un Monfieur Pom-belins ? —Ah ! oui, Monfieur , beau-coup , je vous affure. —Beaucoup !.... Je fuis fâché de ce qui eft arrivé : mais revenez me voir demain , & faites une toilette un-peu plus foignée. J'ai à vous parler. Je préfume que vous êtes libre ; je veux dire garfon , & fans aucune forte d'engagement. Adieu : fortez par cette porte de derrière : la Foule eft dif-fipée... Revenez demain ; vous me de-manderez moi-même , entendez-vous-?

Le Jeune-Homme fortit..... le defef-poir dans le cœur. Mais le lendemain il n'eut pas le courage de fe préfenter : il n'é-tait pas libre... Il écrivit, & fupplia M.B** de vouloir bien l'encourager, en lui mar-quant en gros ce qu'il avait à lui dire.

Réponfe.

« Vous favez mon nom : Je fuis Fils
» d'Eugénie Pombelins : J'ai fu de
» ma Mère l'hiftoire de votre Père & de
» ma Tante. Je ferais charmé de réali-
» fer un ancien projet , fuppofé que
» vous teniez de votre Père , comme

» Rofe, ma Fille aînée, tient de fa
» Tante, & Eugénie, ma Cadette, de
» ma Mère. Nous vous attendons ce
» foir : Eugénie Pombelins, qui vit
» encore, fe fait une fête de vous voir.

Replique.

« Monfieur,
» Un démon, ennemi du repos de
» mes jours, m'a pouflé dans votre quar-
» tier. Je n'irai pas chés vous ; je ne
» le puis : mais j'en mourrai. Je fuis,
» Monfieur, avec un profond refpect ».

Le Jeune-Homme avait raifon. Qu'eût-
il été chercher ? Mais le refte de fes
jours fut empoifonné. Malheureux auparavant, il fentit fes peines s'accroître ;
fa fanté fuccomba ; il defcendit aux por-
tes du tombeau, & fi la force du tempérament l'en a ramené, il n'a jamais re-
couvré, je ne dis pas le bonheur,
mais la tranquilité. Condamné à
d'éternels regrets, il eft juftement puni
de l'efpèce de violence qu'il a faite à fes
Parens.. .. Puiffe fon exemple, être
une leçon profitable pour tous Ceux qui
feront tentés de l'imiter ! C'eft ainfi
que le vice eft fon propre bourreau.

LES Enfans font un prolongement de l'exiftance des Pères, & c'eft encore parler dignement d'Edme R., que de préfenter le tableau des vertus de fes deux Fils aînés.

Edme-Nicolas eft le fecond des Enfans d'Edme R. On peut dire de lui ce qu'on lit dans la Vie de prefque tous les Saints canonifés, qu'il fut vertueux dès l'enfance. Ce qui eft d'autant plus étonnant, qu'il joignait à beaucoup de vivacité, un efprit peu commun, & une très-aimable figure. Son ardeur pour l'étude était inconcevable ; il y donnait une partie des nuits, & il ala jufqu'à incommoder fa fanté. Ses progrès furent auffi rapides qu'ils devaient l'être ; car fi *pertinax labor vincit naturam*, un travail opiniâtre la feconde encore bien-mieux qu'il ne la furmonte. Il a profeffé la Philofophie pendant plufieurs années au Séminaire d'Auxerre, où l'on fefait alors toutes les clâffes, & les Principaux de la Ville, prefque tous fes Elèves, confervent pour lui la plus haute confidérat on. Il fut enfuite Vicaire à Vermanton, l'une des plus fortes Paroiffes du Diocèfe, & voifine de fon lieu natal. Il s'y fit chérir, quoique fa vie fût fi retirée, qu'il ne paraissait jamais au-dehors, que pour remplir les fonctions du saint Ministère.

Après ce Vicariat, il fut nommé à la Cure de Courgis, petit Bourg voisin de Chablis. Cette Paroisse est nombreuse & pauvre : les Habitans ont un caractère difficile, déguisé sous un air assés prévenant, & ils portent la dissimulation & l'entêtement aussi loin que ces deux vices peuvent aler.

Une-fois pourvu de cette Cure, Edme. Nicolas R. s'y est attaché irrévocablement, & s'est cru lié à son Eglise d'une manière indissoluble. M. De-Caylus le chérissait : ce digne Prélat, après dix années d'expérience, fut enchanté de voir que la conduite d'un Homme pour lequel il avait toujours eu de la prédilection, répondait parfaitement à ce qu'il en avait espéré : aussi lui fesait-il les caresses les plus obligeantes lorsque le Curé de C. alait le voir à Regennes, & il le nomma un jour, devant une nombreuse Assemblée, *l'honneur de son Clergé.* Ce Prélat sachant le bon usage que le jeune Curé fesait des revenus de son bénéfice, voulut lui en donner un plus considérable, la Cure de Vermanton même. où il avait été Vicaire, & où il était aimé. Il lui en fit faire la propofition par M. *Creuzot,* refpe&table Pafteur d'une des Paroiffes de la Ville Epifcopale, Homme vraiment Apoftolique, & d'une vertu fi pure & fi relevée, qu'elle eft audeffus de tout ce que l'on peut imaginer : mais le jeune Pafteur répondit à fon Père fpirituel (M. Creuzot était fon Confeffeur) qu'il avait époufé l'Eglife de Courgis, & qu'il ne la quitterait qu'à la mort. Le pieux Evêque fut édifié de cette réponfe, & comme toutes les parties de fon Trou-peau lui étaient également chères, il laiffa Edme-Nicolas où il voulait refter. En-effet, qu'était-il néceffaire de lui donner une meilleure Cure pour le re-venu, puifque ce véritable Pafteur n'en garde rien.

Il eft confolant pour notre fiècle, qu'il fe trouve de-temps-en temps, d'efpace en efpace, de ces dignes Eccléfiaftiques, qui rappellent au Clergé par leur exem-ple, le véritable emploi des biens confa-crés à Dieu. A-la vérité, ils ne fe trou-vent guère que parmi les Curés ; ordre auffi refpe&table qu'utile, & mal-partagé de biens temporels. Edme-Nicolas R. ne s'eft jamais plaint de cette pauvreté des Curés ; aucontraire, je l'ai entendu plufieurs-fois féliciter fes Confrères de ce

trait de conformité avec Jesus ; il regardait la pureté des mœurs de la plupart des Pasteurs du second - ordre,
comme une effet de cette heureuse pauvreté , dont Jesus fait une loi à ses
Disciples , & qui est d'obligation étroite
pour ses Ministres.

Voici le tableau de sa conduite, exactement conforme à la vérité , tel que
je l'ai déjà tracé dans L'École des
Pères , Ouvrage auquel on a rendu justice en Allemagne , où on le traduit.

Le Curé de Courgis se regarde comme
le Père de tous ses Paroissiens, l'arbitre
des différends , le consolateur & le *se-
coureur* des Malades.   Il a une maxime
qui règle sa conduite dans ses aumônes,
c'est de donner le double de ce qu'il a :
Ceci va s'éclaircir dans l'instant.   Quoiqu'il ait de pauvres Parens , il ne leur
donne que peu de chose , & voici
comme il rendit-compte de sa conduite à l'un d'eux qui s'en plaignait
« Je suis gros-décimateur du finage. M.
» Cure rapporte environ 1500 livres
» 500 francs suffisent pour l'entretien d
» ma maison ; le surplûs ne doit pas so
» tir de ma Paroisse , qui est pauvre
» je ne le donne cependant pas ; je prè
» mon bléd & le reste à moitié prix

» durant l'hiver, à mes Pauvres, à mes
» Enfans-nés : je le mets en dépôt en-
» tre leurs mains ; j'emprunte aux Ri-
» ches pour prêter aux plus Misérables:
» lorsqu'on me rend ma moitié dans la
» belle saison, je paye ce que l'on m'a
» avancé ; & si je ne puis suffire, je
» vais à la Ville demander l'aumône,
» pour que le Laboureur n'y aille pas.
» (Et voila comme il donne plûs qu'il
» ne possède). J'ai adopté ces Pauvres
» gens, en acceptant leur Cure & le
» nom de leur Pasteur. Comment vou-
» driez-vous que mes prédications fissent
» la moindre impression sur eux, si je
» manquais à mes obligations, & si je
» ne leur donnais pas l'exemple des
» vertus chretiennes? Ils savent ce que
» j'ai ; ils n'ignorent pas que mon su-
» perflu leur appartient ; que je suis
» pour eux l'image de Jesus-Christ mê-
» me : je dois donc les nourrir, m'en
» faire aimer, pour rendre ma doc-
» trine aimable ; ou renoncer à mon
» bénéfice. Voici, mon cher Parent,
» tout ce que je puis faire pour vous ;
» je possède de mon patrimoine trois-
» cents livres environ de revenu ; pre-
» nez-en, cette année, où vous êtes
» gêné par des malheurs que Dieu a

>> permis pour votre fanctification , pre-
>> nez-en la moitié , j'ai déja difpofé
>> de l'autre dans notre Famille ; fi cela
>> ne fuffit pas , je retrancherai quelque
>> chofe , non fur la portion de mes En-
>> fans, mais fur ma dépenfe, pour vous
>> le donner: c'eft avec joie que je
>> ne mangerais que du pain pour aider
>> mes chers Parens ; mais fi vous étiez
>> à ma place , que vous vîffiez au lit de
>> la mort des Malheureux qui n'ont d'ef-
>> pérance qu'en vous ; à quî vous de-
>> vez , non-feulement vos biens , mais
>> votre vie même , fuivant l'ordre du
>> faint Légiflateur , pourriez-vous les né-
>> gliger , & croire en Dieu , vous dire
>> Chretien , Miniftre des autels , Cu-
>> ré >> ?   Le Parent ne put s'empêchet
de convenir que le Curé deC. fefait fon
devoir.

Cet Homme a rendu fa vie plus dure
que celle du dernier de fes Habitans :
tout l'emploi de fon temps eft utile. Il
fe lève à 3 heures du matin , & médite
l'écriture-fainte , pour l'inftructoin de
fon peuple jufqu'à fix. Il va enfuite
à l'églife , s'y prépare pour la meffe ,
qu'il célèbre à fept heures. Il refte
ordinairement dans la maifon du Seigneur , pour y attendre ceux qui ont

besoin de son ministère ; il est à genoux au piéd de l'autel : une cloche que l'on sonne, l'avertit de se rendre où il doit éclairer les consciences, & donner des avis paternels. Ces soins prennent jusqu'à midi, à-moins qu'il n'ait des Malades, car alors il sort pour les visiter, & revient ensuite. Il dîne ; se promène un heure dans son jardin durant l'été, ou dans sa chambre en hiver, toujours sans feu, lui qui procure du bois à tous ses Paroissiens : il écoute à cette heure-là tous ceux qui ont à lui parler de besoins temporels, & l'après-midi il exécute ce qu'il faut pour les soulager. Il visite chaque semaine sa paroisse. Sa douceur & sa bonté font desirer cet heureux jour, aulieu de le faire craindre, comme on le dit d'un autre Curé, qui imite celui de Courgis ; mais qui ne fait pas assaisonner comme lui le bien qu'il fait, & porte toujours sur son front l'indice de la sévérité de ses mœurs.

Il a fondé des Écoles à ses frais : elles sont gratuites. Celle des Garsons est tenue par Th. R.., qui ne regarde pas cette importante fonction comme audessous de lui : celle des Filles l'est par une de nos

Sœurs, & le fera toujours dans la fuite par deux Veuves exemplaires. Mais le Curé n'en veille pas moins fur les Enfans. Il oblige les Parens à les envoyer à l'école, aumoins tour-à-tour, quand on a befoin de leur fervice ; & comme il s'en trouve qui font forcés de fe tenir aux champs tout le jour, le Pafteur va chés eux le foir, les fait lire & écrire lui-même une-fois par femaine, leur donne les Livres & le papier. Les autres jours, il eft fuppléé par fon Frère Th. R., qui l'eft à fon tour par ceux des Paroiffiens les p'us aifés & les mieux-vivans, que le Pafteur a engagés à confacrer une ou deux heures tous les huit jours à l'inftruction de ces Infortunés : il femble qu'ils foient d'autant plus chers à leur Curé, qu'ils mènent une vie plus dure, & qu'ils ont plus difficilement les moyens de s'inftruire. Si on lui demande, *A quoi fert l'inftruction à des Gens fi pauvres?* il répond : *A leur donner le plus doux des plaifirs, celui de connaître & d'exercer l'intelligence; plaifir fi grand, que fi l'on propofait à un Infortuné, de ceffer de l'être en perdant fes lumières, il renoncerait plutôt au bonheur; & voila pourquoi connaître Dieu parfaitement, eft l'ineffable bonheur des*

Saints au ciel. Ce n'est pas tout, il les habille : c'est l'emploi de la dîme du vin dont je n'ai pas parlé ; cette dîme est mal nommée, car elle n'est qu'un vingt-unième, ainsi que celle des gerbes ; sur vingt-une, le Curé prend la dernière : dîme plus raisonnable dans sa taxation & dans son application, que la nôtre.... Cet honnête Pasteur encourage les mariages des plus Pauvres comme des plus Riches. Il dit, qu'un Individu qui n'a que ses bras, est un trésor pour la société, s'il parvient vigoureux à l'âge de seize à dixsept ans, & qu'on en ait fait un homme. Arts, métiers, présentez-lui ce que vous voudrez, il embrasse tout avec ardeur ; heureux de se procurer du pain par son activité. Un Homme actif forme autour de lui, continue le bon Curé, un tourbillon, comme on dit qu'en ont les planètes ; dix de ses Semblables aumoins sont mûs par l'activité de ce seul Homme, & deviennent utiles. Si je conseillais le célibat à quelqu'un, ajoutait-il, ce serait aux Opulens ; à ces Individus qui naissent pour être obéis, pour faire concourir vingt, trente, cinquante Hommes à la conservation de leur inutile & pondéreuse existance. C'est un autre tour-

F v

billon que forment ces Derniers, bien plus étendu que celui de l'Homme utile: ils emploient mille bras pour nourrir, vêtir, délicater un Homme: & l'Industrieux nourrit seul dix Hommes, & les fait contribuer à la nourriture de cent autres. Qu'on ne s'imagine pas que ce Seigneur ou ce Publicain, qui fait bâtir des châteaux, peindre & dorer des équipages, broder des habits, entretient de Catins, & une Valetaille plus vile encore; qu'on ne s'imagine pas que cet Homme nourrisse ces Gens-là; il les a arrachés à l'utilité; ils eussent vécu ailleurs à moins de frais; ils eussent contribué au bien général-, &c.

Le digne Curé de Courgis, eut une cruelle épreuve à soutenir en 1749, le 22 Octobre, je crois : cent quarante-neuf maisons de sa Paroisse furent réduites en cendres. Le premier Pasteur, M. De-Caylus, tendit un main secourable à ses pauvres Diocésains; il les nourrit pendant l'hiver : le Pasteur particulier implora en personne & par des lettres circulaires, le secours de tous les Pays circonvoisins, & il ne fut pas éconduit.

Dans le nombre des Curés que l'on

vifita, il s'en trouva un entre Tonnerre & Courgis, qui était un vrai Philofophe ; il vivait au jour le jour, ne gardait rien pour le lendemain, & fefait fi peu de cas de l'argent, qu'il ne daignait pas le ferrer ; ce qu'il en poffédait était fur la rebord d'une cheminée à l'antique, mêlé avec les cendres & la fuie. Lorfque l'Envoyé de la Paroiffe incendiée fut entré, & qu'il eut annoncé le fujet de fa vifite, le Curé Philofophe fe répandit en louanges du Curé de Courgis, de fon frère Thomas R. qui lui fert de Vicaire, & du bon Chapelain M. Foynat, excellent homme & digne Prêtre. Comme tous les Paroiffiens de ce bon Curé étaient aifés, il conduifit l'Envoyé de maifon en maifon, en exhortant à lui donner. De retour chés lui, après l'avoir fait dîner à fa table, il lui dit : —Mon cher, voyez fur cette cheminée, mon tréfor y eft : nous alons partager—. Il y avait quelques louis ; il obligea l'Envoyé de recevoir la moitié de la fon me ; il ajouta à ce préfent une Lettre obligeante & mille témoignages d'amitié pour les trois Eccléfiaftiques, qu'il n'avait cependant jamais vus.

Mais l'Homme qui fut le plus utile aux pauvres Incendiés, après leur Evêque, ce fut M. Clément, tréforier de la Cathédrale, frère & oncle de MM. Clément, Confeillers au Parlement de Paris. Il eftimait particulièrement le Curé de Courgis, & il lui en donna des marques en cette occafion, de la manière la plus agréable à ce bon Paf-teur, en fecourant fes Paroiffiens.

Le Curé ne s'en tint pas-là; il fit un voyage à Paris, pour leur procurer des fecours plus abondans; il y fut recom-mandé par M. Clément, & y féjourna près de trois mois, avec d'autant plus de fécurité, que fon Troupeau n'était point abandonné à des Mercenaires: le digne Chapelain M. Foynat, célébrait la meffe, car Thomas R. n'eft pas Prêtre; ce dernier fefait les Cathéchifmes & de pieufes lectures, pour tenir lieu des fer-mons de fon Frère-aîné. Ce fut au moyen de ces fecours, des prêts que fit généreufement M. Defchamps père, Receveur - des - tâilles à Auxerre & Seigneur de Courgis, que le Village fut rebâti, & qu'on préferva les Habi-tans de la mendicité, du vagabondage, qui les auraient à jamais perdus pour eux-mêmes & pour l'Etat.

Le Curé de Courgis a eu des Ennemis mais ils n'ont jamais ôfé lever trop haut

la tête ; la conduite du Pasteur étant
non-seulement , exempte de tout reproche , mais de la moindre indiscrétion ;
c'est un moyen infaillible pour faire
taire la calomnie , & les jeunes Curés
ne sauraient être trop attentifs à le
mettre en usage.

Aujourd'hui plus que sexagenaire ,
le digne Pasteur semble redoubler de
zéle , à-mesure qu'il approche du terme
heureux qui doit couronner ses travaux.
Il a été considéré des Successeurs de
M. de Caylus , comme il l'était de ce
Prélat ; mais il en est moins connu :
d'ailleurs, M. de Caylus était pour lui
un second Père & une tendre ami.

Ses Paroissiens, lui font pourtant un
reproche ; c'est de rendre trop longs
les Offices & les Instructions. Ce reproche pourrait-être fondé : & quoique
le motif du respectable Curé soit d'empêcher par-là les amusemens frivoles
ou dangereux , & de faire employer
pour Dieu les jours qui lui font consacrés ; peut-être devrait-il penser que
les Hommes ne font pas des Anges ,
& qu'il faut accorder quelque chose à
l'humaine faiblesse. Au reste, son motif
est si excellent , qu'on ne peut y reconnaître qu'un Ministre des Autels pénétré

de ſes devoirs , & qui ne reſpire que pour les remplir dignement.

Qu'il me ſoit pourtant permis de citer ici en oppoſition , pour ce dernier article ſeulement, la conduite du vénérable Pinard , ancien Curé , dans la jeuneſſe de mon Père. C'eſt Touſlesjours qui parle , dans l'ÉCOLE DES PÈRES , *t. I, p. 312.*

—On voyait autrefois à Nitri des courſes ſur le préau, des lutes, des danſes : Le bon Curé *Pinard*, le Maître d'Ecole *Berthier* , ne déclamaient pas contre ces jeux , ni même ces danſes des dimanches & fêtes , quoiqu'elles ſe fîſſent entre Garſons & Filles : jamais il ne s'y paſſait rien de mal-honnête ; des Enfans accoutumés à ſe voir enſemble à l'Ecole, au Cathechiſme , ne font pas de ſotiſes , quand ils ſe trouvent à ſe divertir les uns avec les autres: cela eſt bon pour ces pays, où l'on ſequeſtre les Filles ; où on les élève à-part , comme ſi on les deſtinait à en faire des Recluſes : auſſi qu'en arrive-t-il ? c'eſt tout comme ſi l'on bande bien-fort la corde d'un arbalêtre , l'échappée ſera d'autant plus violente, qu'on l'aura reculée plus loin : quand des Jeunesgens comme cela peuvent ſe joindre, ils font mal , ce me ſemble , pour profiter de l'occafion. Auffi jamais notre bon Curé ne voulut-il entendre à la féparation des Ecoles, que quelques Bourgeois de Noyèrs, établis à Nitri, avaient demandée ; & je peux dire, que s'il y a encore quelque retenue parmi notre Jeuneffe, c'eft à nos Ecoles-communes qu'on la doit, & à l'habitude qu'ont les Garfons & les Filles de fe voir à tout moment. Je fais bien que dans les Villes, cela ne produirait pas le même effet ; mais c'eft que dans ces pays-là les Femmes & les Jeunes-filles font des friandifes, où l'on eft toujours tenté de toucher ; leurs habits, leurs affutiaux, fervent de fucre & de miel ; les Hommes, les Jeunes-garfons même ne fauraient les voir fans qu'il leur vienne des defirations, que l'habitude n'affaiblit pas, à-caufe qu'elles varient leurs modes de-manière, qu'elles leur offrent prefque tous les jours des phifionomies nouvelles. Une Femme de ville peut, avec le fecours de fa feule coîfure, prendre en un jour cinq à fix vifages différens : que fera-ce donc avec le refte de fa parure ; avec le rouge, pour celles qui en mettent, & les autres brinborions qui les reparent, & dont un des nôtres, qui a été Laquais à Paris, m'a fait l'énumération ? Ainfi les Hommes des

Villes époufent vingt Femmes dans une feule. Aulieu que chés nous, une Fille eft toujours la même, fes atours des Dimanches n'étant pas affés recherchés pour nous la rendre toute autre. Si bien donc, pour revenir, que dans nos Villages, il eft parfaitement inutile de féparer les Filles des Garfons dans la jeuneffe; & ce ne ferait que les faire penfer - malice quelques années plutôt. On jouait donc à dfférens jeux. Les Hommes regardaient, & formaient un grand cercle autour de nous : il n'aurait pas falu que dans ces amufettes, où étaient des Filles, on eût bronché devant des Témoins pareils. Bien-loin que notre Curé trouvât mauvais que les Hommes paffaffent leur temps à voir ces divertiffemens, il les y excitait. —Alez, alez, difait-il, voir courir la Jeuneffe; votre affiftance fera que ces jeux feront toujours des jeux innocens : je ne faurais être par-tout ; où je ne fuis pas, chaque Père-de-famille doit fe regarder comme mon Lieutenant-. De cette façon le jeune Age prenait le dimanche une honnête exercice, & les Hommes s'amufaient ; la gaîté brillait fur tous les vifages, & chacun le foir s'en retournait content. Aujourd'hui que tout cela n'eft plus, notre Jeuneffe tient des brelans secrets , où il ne se dit & fait que des vilainies.

Le Curé Pinard n'était pas si dévot que le Curé de Courgis , qui est presque le seul homme apostolique qui soit encore dans ces environs : c'était un Ministre indulgent , portant son âme sur ses lèvres , la bonté dans les yeux , & tous ses Paroissiens au fond de son cœur. Si vous eussiez vu les Habitans autour de lui les fêtes & dimanches , en sortant de la grand'messe , comme il les accueillait , comme il s'informait de leur Famille , vous eussiez dit : Voila un Père au milieu de ses Enfans : peut-être est-il trop bon , peut-être quelque Méchant abuse-t-il de sa bénignité , mais sûrement les cœurs droits doivent en aimer davantage leur religion & leurs devoirs. Charles (*) , je me souviens de ses dernières années. Oh ! comme la religion était respectable sur ce front content & tranquile ! que cette tête chenue & grise inspirait de vénération ! le peu que je vaux , après Dieu , je le dois à la mémoire de cet Homme , & de son digne Second. Il ne souffrait pas de procès entre nous (ses Successeurs en ont

____

(*) C'est l'Instituteur de Roger , les Héros de L'ÉCOLE DES PÈRES.

eux-mêmes intentés) ; il les accordait toujours, & discernait à-merveille le vrai du faux , parce qu'il nous connaissait tous.   Ses prières à l'Eglise & ses instructions étaient courtes : mais comme il les fesait ! quelle effusion de cœur dans ses prônes ! Je me souviens d'un tout-entier , qu'il nous fit un dimanche d'août.   Toute la nuit il avait plu ; le dimanche il fit beau , & on l'avait prié d'avancer la messe , pour qu'on pût aler tourner les javelles , & mettre les gerbes en état d'être liées le soir.   Il ne monta pas en chaire , mais descendant seulement au bas du sanctuaire , il nous dit :   —*Mes Enfans, & ceux du bon Dieu , je vous exhorte à aler tous lier vos gerbes par ce beau temps : vous étes sous la loi de faveur , sous le joug léger de la céleste Bonté , rendez-lui grâces ; il n'aurait pas été permis au Peuple soumis à la loi de Moïse de violer ainsi le sabbat : mais nous, enfans de la ré-génération, nous sommes délivrés de la lettre qui tue , & de ses assujétissemens : pour obligation unique , notre Dieu nous impose un devoir qui rapporte au centuple ; c'est celui de l'aimer, & nos Frères : l'amour de Dieu nous rend, dès cette vie, paisibles, satisfaits ; l'a-*

mour de nos Frères fait que nous en sommes aimés à notre tour ; nous donnons, l'on nous donne : ó mes Enfans ! aimons-nous !

J'invite ceux qui n'ont point de récoltes coupées, à offrir leurs bras aux autres ; cette œuvre vaudra mieux que d'assister à l'Office. Mes Enfans, on sonnera les Vépres, mais n'y venez pas aujourd'hui ; unissez-vous seulement à moi par une bonne pensée ; car je veux les dire au nom de mes Enfans, prosterné au piéd de ces Fonts sacrés, où j'ai reçu vos promesses à tous d'étre fidèles à Dieu : notre bon Recteur-d'école, votre second père, & quelques Vieillards feront chœur avec moi. Mes Enfans, que le bon Dieu ratifie la bénédiction que je vous donne en son nom-. Les instructions qu'il fefait à la Jeunesse, étaient toujours proportionnées à notre esprit ; il leur donnait un ton d'évidence, de raison-commune, qui persuadait de tout ce qu'il disait. Lorsqu'il traitait un point de morale, il nous demandait à tous notre sentiment sur l'avantage qu'il devait procurer aux Hommes ; il l'exposait si clairement, que les plus Bouchés donnaient leur décision: ensuite il répétait ce que chacun avait

dit, en corrigeant, augmentant, & met-
tant dans le plus grand jour la pratique
de la vertu morale-.

Je crois que voilà le vrai Curé de
Campagne : mais tous les Hommes ne
voient pas de-même ; & d'ailleurs, je
n'ai pas la hardieſſe de vouloir donner
des leçons à mon digne Aîné : Il a plûs
d'eſprit, de lumières, d'expérience que
moi, & je préſume que la route qu'il
a priſe eſt la ſeule qui convienne à la
trempe d'eſprit de ſes Paroiſſiens : Le
même régime ne convient pas à tous les
Malades.

Thomas R., plus jeune de quelques
années que le Curé de Courgis, eſt
un de ces caractères heureux, tels qu'on
nous peint les Hommes de l'âge-d'or.
La candeur & la modeſtie ſiégent ſur
ſon front, & dès qu'il a parlé, on ſe
ſent porté à lui donner toute ſa confiance.
Ce digne Eccléſiaſtique, eſt ſi humble,
qu'il n'a jamais voulu accepter l'ordina-
tion, que M. De-Caylus lui a fait offrir
pluſieurs fois.   Ce Prélat a été juſqu'à
lui faire écrire :
   «——Je vois ce qui vous retient :
» parce-que vous êtes inférieur à votre

„ Frère-aîné , vous vous croyez inca-
„ pable : Mais , mon cher Fils , je n'ai
„ pas trois Sujets dans mon diocèse
„ comme votre Aîné , fuppofé que j'en
„ aie deux : Il ne faut pas le prendre
„ pour comparaifon ; on peut lui être
„ de beaucoup inférieur , & être encore
„ très-digne. Je vous invite à vous
„ rendre ; finon, je vous déclare , **en**
„ qualité de votre Evêque , que vous
„ rendrez-compte à Dieu , du talent
„ qu'il vous a confié pour le falut des
„ Ames „.......
Ces paroles épouvantèrent Thomas R.:
mais le Curé , qui était charmé de le
garder , ala répondre pour lui à Regennes ; il expcfa l'utilité dont lui était
fon Frère pour l'inftruction des Enfans,
dans une paroiffe nombreufe , &c.
—Mais il n'a pas d'établiffement ?
—Il n'en defire pas : Dieu eft le
Père de tous les Hommes-.
Cette réponfe defintéreffée fut admi-
rée du Prélat , qui ne répondit qu'en
envoyant fa bénédiction paftorale au
vertueux Clerc , qui *préférait d'être*
le dernier dans la maifon du Seigneur,
à tenir le premier rang dans les pa-
lais des Méchans.
Ce ferait fortir de la fimplicité du fujet,

que d'en dire davantage fur Thomas R.:
d'ailleurs la crainte que cet Ouvrage ne
tombe entre les mains des deux refpectables Frères , m'empêche de m'étendre
autant que je le defirerais. Après
m'être fatilfait par un mot d'éloge , je
veux leur complaire en gardant le filence.

Barbe Ferlet a furvécu huit ans à
fon Mari : elle eft morte en 1772 au
mois de juillet. Nous en avions agi à
fon égard comme notre vénérable Père
avait fait à l'égard de fa Mère , en lui
abandonnant d'un commun accord l'ad-
miniftration de tout ce qui nous revenait , & elle en a joui jufqu'au dernier
moment.

FIN.

LIVRE IV.

Fɪɴ de la Table.

II Part. G

LE NOUVEL ABEILARD.

CET OUVRAGE, que je viens de mettre au jour, chés la *veuve DUCHESNE*, *Libraire, rue Saintjacques au Temple-du-goût*, n'eft point un Roman, de telle manière qu'on le confidère. D'un côté c'eft un plan très-efficace, pour rendre les Jeunes-gens heureux avant & après le mariage. De l'autre, c'eft un Hiftoire véritable. Depuis fa publication, j'ai appris du Libraire LE-JAY, qu'il y avait un Père-de-famille de fa connaiffance qui fefait la même chofe que M. & Madame *De-Gurgis* à l'égard de fa Fille, & que le fuccès était le même. Je n'ai fait que rendre public un fyftème d'achèvement d'éducation, capable de produire les fruits les plus heureux. Mais ce n'eft pas le feul mérite de la *Correfpondance* que j'ai publiée. Elle eft un chéf d'œuvre de fenfibilité, un tréfor de lumières & de vertus. Les fix *Modèles de bonheur conjugal*, qui m'ont été communiqués par les Perfonnages eux-mêmes, avec de très-légers changemens, qu'ils ont jugés abfolument néceffaires, offrent une heureufe variété dans les moyens, en-même-temps qu'ils font les *Contes moraux* les plus piquans qui aient encore été publiés. Je fais un cas par-

ticulier du *Second Modèle* : c'est un
présent inestimable que j'ai fait à ma
Patrie, à mon Siècle & à la Postérité.
Le *Troisième*, peut produire les plus
grands avantages. Le *Quatrième*, ren-
ferme les scènes les plus touchantes, &
ne peut qu'exciter à la vertu les Personnes riches. Le *Cinquième*, est très-sin-
gulier : mais il y a aussi beaucoup à imiter. Le *Sixième* est le second en mérite. Il y a encore d'autres Histoires
très-intéressantes, comme le *Petit-Mé-
nage*, qu'on ne saurait lire sans le plus
grand attendrissement.

Le fond de la Correspondance est plein
de chaleur, & il est aisé de voir que le
RÉDACTEUR n'a travaillé que d'après
la vérité. Un Journaliste a paru en douter. Je lui répondrai comme ce Paysan
de l'Attique aux Athéniens, en leur
montrant le petit cochon qu'il avait fait
crier sous son manteau :

En hic [Porcellus] declarat quales sitis judices. Phædr.

JUGEMENT de M. l'A. DE-FONTENAI.

.... Toute la morale de cet Ouvrage
n'est dirigée que vers cet objet unique,
d'inspirer aux Époux une grande idée de
leur état, de leur montrer leurs devoirs, de leur tracer des règles de conduite ; & c'est pour cette raison que dans

la Correspondance d'Abeilard & d'Hé-
loïse l'Auteur place des Histoires, qu'il
appelle des MODELES, & qui le font
effectivement de toutes les vertus conju-
gales.   Cette partie eſt la plus intéreſſante du Roman : M. Rétif-d.la-Bret. y
donne carrière à ſon imagination & à
l'extrême ſenſibilité de ſon âme.   Très-
ſouvent ſes tableaux ſont animés par la
nature elle-même.   Les détails domeſtiques ont ſous ſa plume l'attrait le plus pi-
quant;..... on eſt entraîné, ſéduit, ému.
La peinture du ſentiment & des vertus
douces & tranquiles arrache des larmes
delicieuſes.   Il n'eſt pas juſqu'aux CON-
TES-BLEUS,... qui n'offrent de l'intérêt
& ſur-tout de la naïveté, &c.

Outre L'ÉCOLE DES PÈRES, citée
ſi ſouvent dans le préſent Ouvrage, on
vient de traduire en allemand, LE
PAYSAN PERVERTI , LA FILLE
NATURELLE, LE PIÉD DE FAN-
CHETTE, & quelques autres de mes
Productions.

Je me propoſe de ne donner par la
ſuite que des Ouvrages non-ſeulement
neufs quant à l'invention, mais qui con-
tiendront un plan & des vues utiles au
bonheur des Hommes.

www.ingramcontent.com/pod-product-compliance
Ingram Content Group UK Ltd.
Pitfield, Milton Keynes, MK11 3LW, UK
UKHW020306180726

13839UKWH00001B/391

9 782329 602998